Catwatching

Die Körpersprache der Katze

Desmond Morris

Catwatching

Die Körpersprache der Katze

Aus dem Englischen von Gisela Bulla

Weltbild

Titel der englischen Originalausgabe *Catwatching*
erschienen 1994 bei Ebury Press Limited, London

Genehmigte Lizenzausgabe für Verlagsgruppe Weltbild GmbH,
Steinerne Furt, 86167 Augsburg

Umschlaggestaltung: Mario Lehmann, Augsburg
Umschlagmotiv: Adriano Bacchella
Gesamtherstellung: aprinta Druck GmbH & Co. KG,
Senefelderstraße 3–11, 86650 Wemding

ISBN 3-8289-1651-1

2005 2004
Die letzte Jahreszahl gibt die aktuelle Lizenzausgabe an.

INHALT

EINLEITUNG

Die domestizierte Katze ist ein Widerspruch in sich. Kein anderes Tier hat eine so enge Beziehung zum Menschen entwickelt und sich gleichzeitig so viel Unabhängigkeit und Bewegungsfreiheit bewahrt. Der Hund mag der beste Freund des Menschen sein, aber nur selten erlaubt man ihm, frei und nach eigenem Willen durch Garten und Straßen zu laufen. Der gehorsame Hund muß sich spazierenführen lassen, die eigensinnige Katze aber streift frei umher.

Katzen führen ein Doppelleben. Zu Hause bleiben sie immer Katzenkinder, die zu ihrem Besitzer aufsehen. Draußen, auf Pirsch, ist die Katze völlig erwachsen, ihr eigener Herr, ein freies, wildes Tier, wachsam und nicht auf fremde Hilfe angewiesen. Ihren menschlichen Besitzer vergißt sie dabei vorübergehend vollkommen. Es ist faszinierend, diese blitzschnelle Verwandlung vom zahmen zum wilden Tier und zurück zu erleben. Jeder Katzenhalter wird wissen, was ich meine, wenn er jemals zufällig seinem Haustier im Freien begegnet ist, als es völlig vertieft war in eines jener Katzendramen voll Sex und Gewalttätigkeit. Das Tier mag völlig aufgehen in seinem intensiven Werben oder im Kampf um die Rangordnung, bis es aus dem Augenwinkel seinen menschlichen Besitzer entdeckt. Einen zwiespältigen Augenblick lang ist die Katze hin und her gerissen; ein Zögern – dann läuft sie herbei, reibt sich am Bein des Besitzers und wird wieder zum Hauskätzchen.

Daß die Katze zahm bleibt, ist ein Ergebnis dessen, wie sie aufwuchs. Da eine Katze während ihrer Kindheit und Jugend sowohl mit anderen Katzen (ihrer Mutter und Geschwistern) als auch mit Menschen (der Familie, bei der sie aufwächst) zusammenlebt, sind ihr beide vertraut, und sie glaubt, beiden Spezies anzugehören. Sie ist wie ein Kind, das in einem fremden Land aufwächst und infolgedessen zweisprachig wird. Die Katze wächst gewissermaßen zweigleisig heran. Körperlich gesehen mag sie eine richtige Katze sein, aber innerlich ist sie beides, Katze und Mensch. Ist sie erwachsen, dann sind die meisten ihrer Ausdrucksformen zwar die einer Katze. Ihren menschlichen Besitzern gegenüber behält sie im wesentlichen nur ein einziges Verhaltensmuster bei: Sie betrachtet sie als Adoptiveltern. Das geschieht deshalb, weil sie in einem bestimmten Stadium die Aufgaben übernehmen, die auch die leibliche Katzenmutter ihren Jungen gegenüber erfüllt: Sie geben ihr Milch, gut zu essen und Behaglichkeit.

Die Bindung zwischen Mensch und Katze unterscheidet sich sehr von der zwischen Mensch und Hund. Der Hund sieht seine menschlichen Besitzer zwar auch als Adoptiveltern an, genau wie die Katze. Was das angeht, sind die Motive für ihre Anhänglichkeit gleich. Aber für den Hund gibt es noch eine zusätzliche Bindung: Kaniden, Angehörige der Familie der Hunde und hundeartigen Raubtiere, tun sich zu Gruppen zusammen, die der Katzenartigen, der Feliden, nicht. Hunde leben in Rudeln; der Status jedes einzelnen Tieres ist genau festgelegt und unterliegt laufender Beobachtung. Es gibt Anführer, die an der Spitze stehen, eine Mittelgruppe und die »Unterprivilegierten« auf der niedrigsten Stufe der Rangordnung. Unter natürlichen Bedingungen leben alle ständig nah beieinander und sind daher stets auf dem laufenden, welche Position jedes Gruppenmitglied innehat. Deshalb sieht der erwachsene Hund in »seiner« menschlichen Familie zweierlei: seine Adoptiveltern und die dominierenden Mitglieder seines Rudels. Daher ist sein Gehorsam zu verstehen, seine sprichwörtliche Loyalität. Katzen leben gleichfalls entsprechend einer vielschichtigen Sozialordnung, aber sie gehen nie im Rudel auf die Jagd. In der Freiheit verbringen sie einen Großteil ihrer Tage damit, sich einzeln an Beute anzuschleichen oder ihr aufzulauern. Deshalb hat ein Spaziergang mit dem Menschen für sie nicht den geringsten Reiz. Und sie sind völlig desinteressiert, »bei Fuß« gehen zu lernen oder Kommandos wie »Sitz!« oder »Komm!« zu befolgen. Derartige Dressuren ergeben für Katzen keinerlei Sinn.

Die Katze ist im gleichen Augenblick, in dem es ihr gelingt, einen Menschen dazu zu bewegen, ihr die Tür zu öffnen (die verhaßteste aller menschlichen Errungenschaften), auf und davon, ohne einen Blick zurückzuwerfen. Beim Überqueren der Türschwelle geht eine Verwandlung mit der Katze vor sich. Das Verhaltensmuster eines auf den Menschen bezogenen Kätzchens wird einfach ausgeblendet, und an seine Stelle tritt das voll ausentwickelte Repertoire einer wilden Katze. Ein Hund wird sich in einer solchen Situation immer umschauen, ob sein menschlicher Rudelführer ihm auch folgt, um mit ihm das Vergnügen einer aufregenden Entdeckungstour zu teilen. Nicht so die Katze. Ihr Denken und Fühlen ist ausgerichtet auf eine andere, totale Katzenwelt, in der es für fremdartige, zweibeinige Wesen keinen Raum gibt.

Dieser entscheidende Unterschied zwischen Hauskatzen und Haushunden ist der Grund, warum Katzenliebhaber wesensmäßig meist völlig anders sind als Hundefreunde. Sie neigen im allgemeinen in ihrem Handeln und Denken zu mehr Eigenwilligkeit. Künstler lieben Katzen, Soldaten lieben Hunde. Das vielgerühmte Gruppenverhalten ist als Phänomen der bedingungslosen Treue zum Rudel, der Gruppe, dem Kreis sowohl der Katze als auch dem Katzenfreund zuwider. Wenn Sie sehr gesellig sind, einer Clique angehören, aktiver Sportsfreund sind oder Polizeibeamter, wird sich höchstwahrscheinlich bei Ihnen zu

Hause keine Katze vor dem Ofen räkeln. Der Yuppie, der ehrgeizige Politiker, der professionelle Fußballer – sie alle gehören nicht zu den typischen Katzenhaltern. Es ist einigermaßen schwierig, sich einen Rugby-Spieler mit einer Katze auf dem Schoß vorzustellen, viel leichter fällt es dagegen, sich auszumalen, wie er seinen Hund spazierenführt.

Wenn man Katzen- und Hundebesitzer als grundsätzlich verschiedene Gruppen betrachtet, kommt man bald darauf, daß die Vorliebe für Katze oder Hund auch vom Geschlecht abhängig ist. Die Tendenz zu Katzen ist bei Frauen deutlich stärker. Berücksichtigt man die Arbeitsteilung, die sich während der menschlichen Evolution entwickelt hat, so ist das nicht weiter überraschend. In vorgeschichtlicher Zeit jagten die Männer meist in Horden, die Frauen hingegen befaßten sich vornehmlich damit, das Essen zuzubereiten und die Kinder aufzuziehen. Diese Unterschiede führten zur »Rottenmentalität« der Männer, die man bei Frauen weit weniger antrifft. Frauengegner könnten hier die Behauptung aufstellen, daß Frauen und Katzen keinen Teamgeist besäßen; ein Männerfeind könnte mit der gleichen Berechtigung Männern und Hunden eine angeborene Neigung zur Bandenbildung unterstellen.

In der weiteren Argumentation käme es zur Gegenüberstellung von Selbstgenügsamkeit und Individualität bei den Frauen und Kameraderie und Kumpanei bei Männern. Ich möchte an dieser Stelle gleich betonen, daß ich beide Positionen, um sie deutlich hervorzuheben, karikiert habe. In Wirklichkeit gibt es viele Menschen, die gleichermaßen die Gesellschaft von Hunden und Katzen genießen. Und wir alle – oder doch wenigstens fast alle – haben katzen- und hundeartige Wesenszüge in uns selbst vereinigt.

Mit beiden Tieren – Hund und Katze – gingen wir Menschen einst einen feierlichen Vertrag ein: den ungeschriebenen unausgesprochenen Pakt mit ihren wilden Vorfahren, daß wir ihnen zu fressen und zu trinken geben und sie dafür bestimmte Pflichten zu unserem Schutz übernehmen. Für Hunde sind diese Pflichten sehr vielfältig, sie reichen von einer ganzen Reihe von Aufgaben bei der Jagd, dem Bewachen des menschlichen Eigentums, der Verteidigung ihrer Besitzer gegen Angriffe, der Bekämpfung von Schädlingen bis hin zur Arbeit als Zugtiere, zum Ziehen von Karren und Schlitten. In jüngerer Zeit kamen bei dem geduldigen, ausdauernden Hund etliche weitere Pflichten hinzu, darunter so verschiedenartige Aufgaben wie das Führen von Blinden, das Fangen von Verbrechern, die Teilnahme an Hunderennen.

Für Katzen waren die Bedingungen des »Ur-Vertrages« wesentlich einfacher und sind es bis heute geblieben. Für sie gibt es nur je eine Haupt- und eine Nebentätigkeit. In erster Linie erwarten wir von ihnen die Bekämpfung bestimmter Schädlinge, in zweiter Linie halten wir sie als Hätschel- und Schmusetiere. Da sie Einzelgänger sind und nur kleine Beutetiere fangen, konnten sie den menschlichen Jägern kaum von Nutzen sein. Und weil sie nicht in festgefügten sozialen Gruppen leben, die abhängig sind von gegenseitiger Hilfe, um zu überleben, schlagen sie auch keinen Alarm, wenn Eindringlinge ins Haus kommen. Deshalb sind sie als Wächter des menschlichen Eigentums oder als Verteidiger unseres Besitzes nur von geringem Wert. Und aufgrund ihrer geringen Körpergröße sind sie als Zug- oder Lasttiere nicht zu gebrauchen.

Trotz der viel engeren Einbeziehung der Hunde in alle möglichen menschlichen Angelegenheiten ist die Katze in der Lage gewesen, sich die menschliche Zuneigung über alle Maßen zu erhalten. Auf den Britischen Inseln gibt es heute fast ebenso viele Katzen wie Hunde – etwa fünf Millionen Katzen gegenüber sechs Millionen Hunden. In den Vereinigten Staaten von Nordamerika ist die Relation für Katzen etwas ungünstiger; dort leben etwa 23 Millionen Katzen und 40 Millionen Hunde. Aber selbst das bedeutet eine ungeheure Population domestizierter Katzen. Unter diesen Katzen gibt es natürlich Mäuse- und Rattenfänger, die ihre alten Pflichten als Schädlingsvertilger erfüllen, die große Mehrheit aller domestizierten Katzen heute besteht allerdings aus Hauskatzen und freilebenden ehemaligen Hauskatzen. Unter ihnen gibt es eine Reihe von verzärtelten Zuchtkatzen mit langem Stammbaum, die meisten aber sind ganz normale Hauskatzen oder Mischlinge. Der Prozentsatz von Zuchtkatzen im Vergleich zur gewöhnlichen Hauskatze ist vermutlich geringer als der von Rassehunden zu Promenadenmischungen. Obgleich Katzenausstellungen eine ebenso feste Einrichtung geworden sind wie Hundeausstellungen, werden doch längst nicht so viele veranstaltet, genauso wie es viel weniger verschiedene Katzenrassen gibt. Da Katzen in früheren Zeiten nicht so viele Funktionen zu erfüllen hatten wie Hunde, gab es auch damals schon viel weniger speziell ausgerichtete Züchtungen. Tatsächlich wurden Katzen bis vor kurzem so gut wie überhaupt nicht gezüchtet. Alle Katzen waren von ganz allein gute Mäuse- und Rattenfänger, und mehr wurde von ihnen nicht verlangt. Alle Abweichungen in Fellänge, Fellfarbe, Musterung oder im Körperbau entspringen einzig gewissen lokalen Vorlieben oder den Launen der Besitzer. Das hat dazu geführt, daß hinreißend hübsche Katzen gezüchtet wurden, aber man findet unter ihnen nicht im entferntesten so verblüffend und unglaublich unterschiedliche Rassen wie bei Hunden. Es gibt einfach kein Äquivalent

unter den Katzen zur Dänischen Dogge oder zum Chihuahua, zum Bernhardiner oder zum Dackel. Was bleibt, sind eindrucksvolle Unterschiede in der Beschaffenheit des Fells oder in der Farbe, aber eine nur sehr geringe Variationsbreite in der Körpergröße und Körperform. Das Gewicht einer wirklich großen Katze beträgt etwa sechzehn Pfund; die kleinste ausgewachsene Katze bringt knapp drei Pfund auf die Waage. Das bedeutet, selbst wenn man die verrücktesten Extreme unter den Katzen berücksichtigt, sind die größten domestizierten Tiere nur sechsmal so schwer wie die kleinsten. Zieht man zum Vergleich die Situation unter den Hunden heran, so zeigt sich, daß ein Bernhardiner dreihundertmal soviel wie ein Yorkshirerterrier wiegen kann. Mit anderen Worten, die Gewichtsunterschiede bei Hunden sind fünfzigmal so groß wie bei Katzen.

Auch im Vergleich zwischen Hunden und Hauskatzen einerseits sowie herrenlosen, freilebenden Tieren beider Arten andererseits entdeckt man einen bemerkenswerten Unterschied. Während in weniger zivilisierten Gegenden streunende Hunde Rudel bilden, um sich gemeinsam zu versorgen, sich untereinander zu paaren und sich ohne menschliche Hilfe durchschlagen zu können, gibt es das in städtischen oder dicht besiedelten Gebieten kaum. Tatsächlich findet man sie im heutigen überbevölkerten Europa so gut wie nirgends. Nicht einmal in ländlichen Gegenden können sie sich halten. Wenn sich dort eine wilde Hundemeute bildet, wird sie bald von bäuerlichen Interessengemeinschaften zur Strecke gebracht, um eventuellen Angriffen auf Lebensmittelvorräte zuvorzukommen. Bei freilebenden Katzenkolonien sieht die Sache anders aus. In jeder Großstadt gibt es eine große Anzahl herrenloser Katzen. Alle Versuche, sie zu vernichten, schlugen in der Regel fehl, weil immer wieder neue Streuner auftauchten. Auch wird das Bedürfnis, sich ihrer zu entledigen, nicht als so dringlich empfunden, da sie häufig zum Überleben ihre uralte Funktion als sogenannte Schädlingsvertilger wiederaufnehmen. Wo der Mensch allerdings durch Gift die Bestände an Ratten und Mäusen dezimiert hat, müssen die wilden Katzen ihren ganzen Verstand aufbieten, um zu überleben. Ihre erstaunliche Widerstandskraft ist ein Zeugnis dafür, daß trotz mehrerer tausend Jahre Domestizierung die Gehirn- und Körperfunktionen der Katzen immer noch in überraschender Weise denen ihrer wilden Vorfahren ähneln.

Gleichzeitig ist aber diese Widerstandskraft schuld an vielen Leiden der Katze. Daß Katzen überleben können, wenn sie verstoßen oder ausgesetzt werden, macht es vielen Leuten leichter, dies auch zu tun. Die Tatsache, daß die meisten dieser Tiere den Rest ihres Lebens unter entsetzlichen Umständen verbringen müssen, mag zwar beweisen, wie klug und anpassungsfähig sie sind, ihr Dasein aber ist nichts als ein grausames Zerrbild einer katzengemäßen Existenz. Daß wir diese Zustände dulden, ist ein Beweis mehr dafür, wie schändlich wir laufend unseren alten Vertrag mit der Katze brechen. Im Vergleich dazu allerdings, mit wieviel Brutalität wir sie Jahrhunderte lang gequält und gepeinigt haben, erscheint unsere Gleichgültigkeit heute gegenüber dem Schicksal ausgestoßener Katzen noch als das kleinere Übel. Oft mußten Katzen den Sündenbock spielen für unterdrückte menschliche Aggressionen, und zwar in einem solchen Maße, daß es in England zu der Redensart ». . . und der Laufjunge tritt dann die Katze« kam, als Metapher dafür, wie in der Hackordnung der menschlichen Gesellschaft Schelte an sozial niedriger stehende Opfer weitergegeben wird.

Dem kann man zum Glück entgegenhalten, daß die meisten Familien, die Hauskatzen halten, diese liebevoll und mit Rücksicht behandeln. Katzen verstehen es, die Zuneigung ihrer Besitzer zu gewinnen, nicht nur durch ihr jungkatzenartiges Verhalten, sondern auch einfach durch ihre Anmut. Ihre Eleganz und ihre Gelassenheit bestechen das menschliche Auge. Für einen empfindsamen Menschen ist es eine wahre Wohltat, wenn eine Katze einen Raum mit ihm teilt, flüchtige Blicke mit ihm tauscht, sich zur Begrüßung an ihm reibt und zu beobachten, wie sie es sich auf einem weichen Kissen gemütlich macht, zusammenrollt zu einer schlummernden, atmenden Kugel. Und für Millionen einsamer Menschen, von denen viele körperlich nicht dazu in der Lage wären, lange Spaziergänge mit einem lebhaften Hund zu unternehmen, ist die Katze der beste Gefährte. Insbesondere für Menschen, die gezwungen sind, in vorgerücktem Alter allein zu leben, verspricht die Gesellschaft einer Katze reiche Belohnung.

Damit komme ich zum Zweck meines Buches. Als Zoologe habe ich im Laufe der Zeit fast alle Mitglieder der Katzenfamilie schon einmal in meiner Obhut gehabt, vom großen Tiger bis zu winzigen Tigerkatzen, vom starken Leoparden bis zu winzigen Leopardenkätzchen, vom mächtigen Jaguar bis zur seltenen kleinen Wieselkatze. Bei mir zu Hause gab es fast immer eine domestizierte Hauskatze, die mich bei der Heimkehr freudig begrüßte. Als Kind habe ich in der Grafschaft Wiltshire auf dem Lande gelebt. Ich verbrachte viele Stunden im Gras liegend und beobachtete die Bauernkatzen, wie sie sich mit der Sicherheit von Experten an ihre Beute heranpirschten, oder ich kundschaftete ihre Nester auf dem Heuboden aus, wo sie ihre quirligen Jungen säugten. Ich entwickelte mich schon früh zum Katzenbeobachter und

bin es jetzt fast ein halbes Jahrhundert lang geblieben. Wegen meiner beruflichen Beschäftigung mit Tieren werden mir laufend Fragen gestellt über das Verhalten von Katzen, und ich bin zutiefst verwundert, wie wenig die meisten Menschen über diese interessanten Tiere zu wissen scheinen. Selbst solche, die in ihre eigene Hauskatze völlig vernarrt sind, besitzen oft nur eine vage Ahnung von deren komplexem Sozialverhalten, Sexualleben, von ihren Aggressionen oder ihren Fähigkeiten als Jäger. In gewissem Maß ist es nicht einmal ihre Schuld, denn ein großer Teil der Verhaltensweisen der Katze findet nur außerhalb der häuslichen vier Wände, der Küche und des Wohnzimmers, statt. Deshalb hoffe ich, daß selbst Menschen, die das Gefühl haben, ihre eigene Katze genauestens zu kennen, noch etwas dazulernen können über ihre reizenden Gefährten, wenn sie diese Seiten lesen.

Die Methode, die ich gewählt habe, besteht darin, daß ich eine Reihe grundsätzlicher Fragen stelle, auf die ich dann einfache, direkte Antworten gebe. Es gibt eine große Anzahl guter Standardbücher über Katzen mit allen erforderlichen Einzelheiten über Ernährung, Haltung und tierärztliche Versorgung, kombiniert mit klassifizierten Listen über die verschiedenen Zuchtkatzen und ihre Charakteristika. Diese Informationen werde ich in meinem Buch nicht wiederholen. Statt dessen habe ich versucht, eine andere Art von Katzenbuch zu schreiben: eines, das sich auf das Verhalten der Katzen konzentriert und Antwort gibt auf Fragen, mit denen ich jahrelang konfrontiert wurde. Wenn mir das gelungen ist, werden Sie, wenn Sie wieder eine Katze aufnehmen, fähig sein, die Welt auf eine Katzen angemessenere Art zu sehen. Und Sie werden feststellen, daß Sie sich immer mehr Fragen stellen über deren faszinierende Welt, und – wer weiß – vielleicht entwickeln Sie sich dabei selbst zu einem ernsthaften Katzenbeobachter und Katzenkenner.

DIE KATZE

Wir wissen mit Sicherheit, daß Katzen bereits vor 3500 Jahren völlig domestiziert waren. Den Beweis dafür liefern Fresken und Hieroglyphenschriften aus dem alten Ägypten. Aber wir wissen nicht, wann dieser Prozeß anfing. Überreste von Katzen wurden bei Ausgrabungen in Jericho gefunden. Sie sind 9000 Jahre alt, nur gibt es keinen Beweis dafür, daß diese Katzen bereits domestiziert waren. Das Problem liegt darin, daß das Skelett wilder Katzen sich nur ganz geringfügig von dem zahmer Tiere unterscheidet. Nur wenn uns ins einzelne gehende Beschreibungen und detaillierte Abbildungen – Gemälde oder Plastiken wie aus dem alten Ägypten – zur Verfügung stehen, können wir mit Gewißheit sagen, ob es sich schon um domestizierte Katzen handelte oder noch um wilde.

Eines steht fest: Vor der »Neolithischen Revolution«, dem Beginn von Ackerbau und Viehzucht in der Neusteinzeit, fand – anders als beim Hund – noch keine Zähmung von Katzen statt. Hunde spielten schon eine entscheidende Rolle, bevor die Menschen anfingen, Ackerbau zu betreiben. Die prähistorischen Jäger des Paläolithikums, der Altsteinzeit, verstanden es bereits, sich ihrer vierbeinigen Jagdgefährten mit der hervorragenden Witterung und dem feinen Gehör zu bedienen. Katzen aber waren für die Menschen der Frühzeit wertlos, solange sie noch nicht dazu übergegangen waren, Ackerbau zu betreiben und größere Vorräte an Nahrungsmitteln anzulegen. Insbesondere die Getreidelager müssen unübersehbare Scharen von Ratten und Mäusen angelockt haben, kaum daß die Jäger seßhaft geworden waren, um Landwirtschaft zu betreiben. In den frühen Städten, in denen größere Vorratslager an Getreide angelegt werden mußten, war es für die menschlichen Aufpasser ein Ding der Unmöglichkeit, den Mäusen aufzulauern und nennenswerte Mengen zu töten und zu vernichten, um so ihrer weiteren Vermehrung Einhalt zu gebieten. Die verheerende Heimsuchung von Nagetieren dürfte eine der ersten Plagen gewesen sein, die der Stadtbewohner kennenlernte. Jedes Raubtier, dessen natürliche Beute diese Ratten und Mäuse waren, mußte ihm als ein Geschenk des Himmels erscheinen.

Man kann sich gut vorstellen, wie eines Tages irgend jemand zufällig entdeckte, daß sich ein paar wilde Katzen in der Nähe der Getreidelager herumtrieben und anfingen, Mäuse zu jagen. Was lag näher, als sie zu dieser segensreichen Tätigkeit zu ermutigen? Für die Katzen muß die neue Situation traumhaft gewesen sein. Um sie herum ein lebendes Festmahl, eine nie gekannte Fülle von Nahrung. Vorbei das endlose Warten im Versteck. Alles, was sie noch zu tun hatten, war ein lässiger Spaziergang in der Nähe der Getreidelager, wo sie ein Supermarkt für Gourmets in Gestalt vieler dicker, fetter, mit bestem Getreide ernährter Nagetiere erwartete. Von diesem Zustand bis zur gezielten Haltung und Aufzucht der Katzen für die verstärkte Schädlingsbekämpfung kann es nur noch ein kleiner Schritt gewesen sein, denn er war ja für beide Seiten buchstäblich ein Segen.

Für uns heute mit unseren wirksamen modernen Methoden der Schädlingskontrolle ist es nicht leicht, uns die Bedeutung der Katze für diese frühen Zivilisationen vorzustellen. Einige wenige Hinweise über das Verhältnis der alten Ägypter zu ihren geliebten Katzen verdeutlichen den Stellenwert, der ihnen damals zugemessen wurde. Sie wurden beispielsweise als heilige Tiere verehrt; wer eine Katze umbrachte, mußte mit der Todesstrafe rechnen. Wenn in einem Haus eine Katze auf natürliche Weise starb, mußten alle Angehörigen der Familie Trauer tragen, dazu gehörte auch das Abrasieren der Augenbrauen.

Nach dem Tode wurde die ägyptische Hauskatze zeremoniell einbalsamiert, der Kadaver wurde in verschiedenfarbige Tücher eingehüllt und das Gesicht mit einer fein gearbeiteten Maske aus Holz bedeckt. Einige wurden in Holzsärge in Form eines Katzenkörpers gebettet, andere in Körbe aus geflochtenem Stroh. Sie wurden buchstäblich zu Millionen auf den riesigen Katzenfriedhöfen bestattet.

Die Katzengöttin hieß Bastet nach der Stadt Bubastis, in der der wichtigste Katzentempel lag. Dort versammelten sich jedes Frühjahr etwa eine halbe Million Menschen, um das heilige Fest der Bastet zu feiern. Bei jedem dieser Feste wurden rund einhunderttausend mumifizierte Katzen zu Ehren der jungfräulichen Katzengöttin bestattet, die möglicherweise als Vorbild für die Jungfrau Maria anzusehen ist. Diese Feste der Bastet galten als die populärsten und bestbesuchten im alten Ägypten – ein Erfolg, der vielleicht auf die dazugehörigen wilden, orgiastischen Kulturzeremonien und rituellen Ekstasen zurückzuführen ist. Der Katzenkult war offenbar so beliebt, daß er sich fast zweitausend Jahre lang behauptete. Offiziell wurde er erst im Jahre 390 n. Chr. verboten, aber zu dieser Zeit befand er sich bereits in totalem Zerfall. Zu seiner Blütezeit jedoch zeigte er, welch unermeßlicher Wertschätzung sich die Katze in jener antiken Hochkultur erfreute. Die vielen hübschen Bronzestatuetten von Katzen, die die Jahrtausende überdauert haben, legen Zeugnis ab von der Begeisterung der Ägypter für die anmutige Schönheit dieser Tiere.

Einen traurigen Gegensatz zu der alten Verehrung der Katze bildet die vandalistische Zerstörung der Katzenfriedhöfe durch die Engländer im vorigen Jahrhundert. Ein Beispiel mag genügen: Eine Fracht von dreihunderttausend ausgegrabenen Katzenmumien wurde nach Liverpool eingeschifft, wo sie, zu Dünger verarbeitet, auf den Feldern der umliegenden Bauernhöfe ihr Ende fanden. Ein einziger Katzenschädel ist übriggeblieben und befindet sich jetzt im Britischen Museum.

Die Ägypter hätten früher wahrscheinlich dreihunderttausend Todesurteile für ein derartiges Sakrileg gefordert, haben sie doch einst einen römischen Soldaten in Stücke gerissen, weil er eine Katze verletzt hatte. Sie verehrten ihre Katzen nicht nur, sie verboten sogar ausdrücklich ihren Export. Das führte zu wiederholten Versuchen, sie außer Landes zu schmuggeln, denn sie wurden als Hauskatzen hochgeschätzt. Die Phönizier, die das antike Äquivalent zu unseren Gebrauchtwagenhändlern darstellten, betrachteten »Catnapping«, also Katzenentführungen, als eine sportliche Herausforderung und brachten die kostbaren Hauskatzen per Schiff in die Länder rings ums Mittelmeer, wo sie an die Reichen und Wohlhabenden verkauft wurden. Das mag die Ägypter verärgert haben – für die Katzen jener Frühzeit bedeutete es aber eher positive Veränderungen, brachte es sie doch als Wertobjekte, die pfleglich zu behandeln waren, in neue Gefilde.

Durch die Nagetierplagen, die Europa überfluteten, nahm das Renommee der Katzen als Schädlingsvertilger weiter zu, und sie breiteten sich rapide über über den ganzen Kontinent aus. Das war vor allem den Römern zu verdanken, die schließlich die Katze auch nach England brachten. Wir wissen, daß sie in den folgenden Jahrhunderten hier gut behandelt wurde, und zwar auf Grund der Strafen, die auch hier für das Töten einer Katze verhängt wurden. Sie waren zwar nicht so extrem wie im alten Ägypten, betrugen aber immerhin nicht selten den Gegenwert eines Lamms oder eines Schafes. Die Strafe, die ein walisischer König im 10. Jahrhundert ersann, läßt erkennen, was der Tod einer Katze für ihn bedeutete. Der Kadaver des Tieres wurde am Schwanz so aufgehängt, daß seine Nase gerade den Boden berührte, und die Buße seines Mörders bestand darin, so viel Getreide über den toten Körper anzuhäufen, daß er vollständig damit bedeckt war. Die Beschlagnahme dieses Getreides gab jedem ein klares Bild von dem Wert einer arbeitenden Katze als Hüterin des Getreides vor dem verheerenden Appetit der Ratten und Mäuse.

Aber die guten Zeiten für die Katze sollten nicht von Dauer sein. Im Mittelalter mußte sie überall in Europa mehrere Jahrhunderte lang Qualen, Marter und Tod ertragen – auf Anstiftung der christlichen Kirche. Weil Katzen in früheren heidnischen Ritualen eine Rolle gespielt hatten, wurden sie öffentlich zu Geschöpfen des Teufels erklärt, zu Abgesandten des Satans und Vertrauten der Hexen. Überall wurden Christen aufgefordert, ihnen soviel Schmerz und Leid zuzufügen wie nur möglich. Die Heiligen waren zu Verdammten geworden. Katzen wurden öffentlich bei lebendigem Leibe verbrannt – an christlichen Feiertagen. Hunderte und Tausende von ihnen wurden geschunden, gekreuzigt, totgeschlagen, geröstet und aus den Luken der Kirchtürme geworfen – auf Anstiftung der Kleriker, als Teil einer lästerlichen Reinigung von nur in ihrer Phantasie bestehenden Feinden Christi.

Glücklicherweise ist das einzige Überbleibsel, das heute noch an jene grauenvolle Periode in der Geschichte der domestizierten Katze erinnert, der tiefeingewurzelte Aberglaube, daß schwarze Katzen Glück bringen, wenigstens in England. Der Hintergrund dieser Vorstellung bleibt im unklaren, und wenn man von Land zu Land reist, wechselt die Prognose vom Guten zum Bösen, was ziemlich viel Verwirrung verursacht. In England gilt eine schwarze Katze als Glücksbote, während sie in Amerika und auf dem europäischen Kontinent im allgemeinen als Unglücksbote angesehen wird. In einigen Gegenden scheint dieser Aberglaube noch immer sehr ernst genommen zu werden. Vor einigen Jahren etwa fuhr ein wohlhabender Restaurantbesitzer spät in der Nacht heim zu seinem Haus im Süden von Neapel, als plötzlich eine schwarze Katze vor seinem Wagen über die Straße lief. Er stoppte sofort und parkte am Straßenrand. Er konnte einfach nicht weiterfahren, bevor die Katze zurückkehrte und das böse Omen damit wieder aufhob. Als eine vorbeikommende Polizeistreife ihn so spät in der Nacht an der einsamen Straße parken sah, fuhren die Polizisten heran und fragten ihn nach dem Grund. Als sie die Ursache erfahren hatten, erwies sich auch ihr Aberglaube in bezug auf die Katze so stark, daß sie sich gleichfalls weigerten weiterzufahren, aus Angst, Unglück auf sich zu ziehen. So blieben auch sie in ihrem Wagen sitzen und warteten, daß die Katze zurückkehrte.

Obgleich dieser und ähnliche Aberglauben immer noch lebendig sind, ist die Katze heute wieder – wie im alten Ägypten – ein äußerst beliebtes Haustier. Die grausame Verfolgung durch die Kirchen wurde seit langer Zeit von normal empfindsamen Menschen abgelehnt, und im 19. Jahrhundert brach eine neue Phase der Katzenverehrung an: Es wurden Wettbewerbe und Zuchtausstellungen veranstaltet und damit Züchtungen von Stammbaumkatzen vorangetrieben.

Wie bereits erwähnt, wurden Katzen nie in so vielen unterschiedlichen Arten oder für so viele verschiedene Aufgabenbereiche gezüch-

tet wie der Hund. Es gab zwar eine Reihe von lokalen Entwicklungen, bei denen sich bestimmte Varianten in Farbe, Muster und Fellänge ausprägten, die aber eher zufällig in verschiedenen Ländern entstanden. Im 19. Jahrhundert fingen Reisende dann an, fremdartige Katzen, die sie unterwegs sahen, zu sammeln und ins Viktorianische England mitzubringen. Dort züchteten sie die Tiere sorgfältig weiter, um ihre speziellen Charakteristika zu verstärken. Katzenausstellungen wurden außerordentlich beliebt, und während der letzten 150 Jahre wurden mehr als 100 verschiedene Zuchtrassen in Europa und Nordamerika standardisiert und registriert.

Alle diese modernen Zuchtformen gehören aber offenbar einer einzigen Spezies an: der *felis sylvestris*, der Wild- oder Waldwildkatze. Man kann sie untereinander und auch mit allen Rassen der wilden *sylvestris* kreuzen. Zu Beginn der Domestizierung der Katze fingen die Ägypter damit an, den nordafrikanischen Zweig der *felis sylvestris* zu zähmen. Bis vor kurzem hielt man diesen für eine eigene Spezies, die man *felis lybica* oder Falbkatze nannte. Heute wissen wir, daß es sich nur um eine bestimmte Rasse handelt, die jetzt als *felis sylvestris lybica* bezeichnet wird. Sie ist kleiner und schlanker als die europäische Rasse der Wildkatzen und war offensichtlich leichter zu zähmen. Aber als die Römer Europa eroberten und ihre domestizierten Katzen mitbrachten, vermischten sich einige von ihren Tieren mit den im Norden heimischen Wildkatzen und zeugten mit ihnen schwerere, robustere Nachkommen. Einigen heutigen Katzen ist diese Herkunft deutlich anzusehen – beispielsweise den großen, stämmigen, getigerten und gefleckten –, während andere eher schlank und langgestreckt sind, wie die vielen verschiedenen Zuchtformen der Siamesen. Es ist wahrscheinlich, daß die Siamkatzen und alle anderen schlanken Zuchtkatzen der ursprünglichen ägyptischen Hauskatze näher verwandt sind. Ihre domestizierten Vorfahren wurden über die ganze Welt verstreut, und zwar ohne jeden Kontakt zur schwergebauten nördlichen Wildkatze.

Obwohl die Meinungen darüber noch immer auseinandergehen, wird es heute als äußerst unwahrscheinlich angesehen, daß eine andere Spezies von Wildkatzen etwas mit der Geschichte der modernen domestizierten Katzen zu tun hatte. Wir wissen definitiv, daß im alten Ägypten noch eine andere, größere Katze, *felis chaus*, die Rohr- oder Dschungelkatze, gehalten wurde, aber sie scheint schon früh aus dem Rennen ausgeschieden zu sein. Es ist jedoch sicher, daß sie ursprünglich ein ernsthafter Konkurrent war bei der Auswahl der zu domestizierenden Katze. Untersuchungen von mumifizierten Katzen haben nämlich gezeigt, daß einige von ihnen den wesentlich größeren Schädel der Rohrkatze aufwiesen. Aber obwohl die Rohrkatze in Gefangenschaft zu den zutraulicheren Katzentieren gehört, ist sie einfach riesig, selbst im Vergleich mit den stämmigsten modernen domestizierten Katzen. Deshalb ist es sehr unwahrscheinlich, daß sie in der späteren Geschichte der Domestizierung eine Rolle gespielt hat.

Zu den ältesten Zuchtkatzen gehören die verschiedenen Kurzhaarkatzen, Abkömmlinge der Tiere, die von den Römern in ganz Europa verbreitet wurden. Dann stoßen wir auf eine große Lücke bis zum 16. Jahrhundert, als Schiffe aus dem Orient auf der Isle of Man landeten und eine fremdartige, schwanzlose Katze mitbrachten, die berühmte Manxkatze. Wegen ihres kuriosen, verstümmelten Erscheinungsbildes wurde diese Zucht nie sehr populär. Zur gleichen Zeit gelangte die erste Langhaarkatze, die wunderschöne Angora, aus ihrer türkischen Heimat nach Europa. Später, in der Mitte des 19. Jahrhunderts, wurde sie in den Schatten gestellt von der noch aufsehenerregenderen Perserkatze aus Kleinasien mit ihrem unwahrscheinlich langen, seidigen Fell.

Dann traf im späten 19. Jahrhundert die langgestreckte, schlanke Siamkatze aus dem Fernen Osten ein. Mit ihrer unvergleichlichen Persönlichkeit, viel extravertierter als andere Katzen, sprach sie einen ganz anderen Typus von Katzenbesitzern an. Während die Perserkatze ein vollkommener Kindersatz ist – rund, kuschelig, mit infantilem, flachem Gesichtchen –, entpuppte sich die Siamkatze als aktive Gefährtin.

Um die gleiche Zeit, zu der die Siamkatze bei uns auftauchte, wurde aus Rußland die elegante Russisch-Blau importiert und die lohfarbene, wild aussehende Abessinierkatze, die heute als Äthiopische Katze geführt wird.

In unserem Jahrhundert wurde in den dreißiger Jahren die dunkle Burmakatze in die Vereinigten Staaten und von dort nach Europa eingeführt. In den sechziger Jahren erschienen als Folge spontaner Mutationen mehrere ungewöhnliche Züchtungen: die bizarre Sphinxkatze, eine Nacktkatze aus Kanada; die kräuselhaarige Rexkatze aus Devon und Cornwall und die Schottische Hängeohrkatze. In den siebziger Jahren gelangte die Japanische Bobtailkatze mit ihrem lustigen Stummelschwanz in die USA; die gekräuselte Drahthaarkatze entwickelte sich in Amerika aufgrund von Mutation, und die winzige »Gullykatze«, so genannt, weil Abflußröhren in ihrer katzenfeindlichen Heimat Singapur ein gutes Versteck für sie darstellten, erschien auf der amerikanischen Szene und erhielt den exotischen Namen Singapura.

Schließlich ist da noch die ungewöhnliche »Ragdollkatze«, die das seltsamste Temperament aller Katzen aufweist. Wenn man sie hochnimmt, hängt sie schlaff im Arm wie eine Stoffpuppe. Sie ist so phlegmatisch daß man den Eindruck hat, sie stünde ständig unter Drogen. Nichts auf der Welt bringt sie aus der Ruhe. Es scheint bezeichnend, daß diese Katze in Kalifornien gezüchtet wurde, denn sie hat ganz sicher etwas von einem Hippie-Kätzchen der Flower-Power-Bewegung an sich.

Dies ist natürlich alles andere als eine ausführliche Aufzählung; es gibt aber wohl doch einen gewissen Einblick in die Vielfalt der bei den Zuchtenthusiasten entstandenen Katzen. Unter den erwähnten Züchtungen gibt es jeweils eine große Bandbreite verschiedener Variationen und verschiedener Farbschläge, wodurch bei den Katzenschauen das Angebot erheblich erweitert wird. Immer wieder treten neue Katzentypen auf, und dann fliegt das Fell – nicht weil die Katzen gegeneinander zum Kampf antreten, sondern weil es zu unnötigen Zänkereien kommt zwischen den Züchtern der neuen Katzen und den übertrieben selbstherrlichen Autoritäten, die die wichtigen Katzenausstellungen beherrschen. Die letzte Züchtung, die sich den heiß begehrten Eintrag als Rassekatze erkämpfte, war die oben erwähnte Ragdollkatze. Als ideal für Behinderte wird sie von ihren Verteidigern bezeichnet; viel zu anfällig für Verletzungen, behaupten ihre Gegner.

Um die Sache noch mehr zu verwirren, gibt es grundsätzlich unterschiedliche Auffassungen zwischen den verschiedenen Autoritäten der großen Katzenzuchtvereine. Der Vorstand der englischen »Cat Fancy« erkennt andere Züchtungen an als die »Cat Fanciers' Association« in Amerika, und beide Organisationen geben manchmal der gleichen Spielart ganz verschiedene Namen. Nichts von alledem richtet allerdings wirklich größeren Schaden an. Es hat einfach den Effekt, die allgemeine Erregung mit heißen Debatten und Argumenten noch weiter anzuheizen, während die Zuchtkatzen nur profitieren können von dem gesteigerten Interesse, das man ihnen entgegenbringt.

Die Ernsthaftigkeit, mit der konkurrierende Katzenausstellungen betrieben werden, trägt auch dazu bei, den Status aller Katzen zu heben, so daß auch die normale Hauskatze auf lange Sicht dabei gewinnt. Und sie stellt nach wie vor die überwiegende Mehrheit aller domestizierten Katzen dar, weil für die meisten Menschen eine Katze nun mal eine Katze ist, wie Gertrude Stein gesagt haben könnte. Alle Unterschiede, mögen sie auch faszinierend wirken, bleiben doch sehr an der Oberfläche. Jede einzelne Katze besitzt ein altes Erbe von ganz ungewöhnlichen Fähigkeiten der Sinne, wunderbaren Lautäußerungen, von Körpersprache, Geschicklichkeit im Jagdverhalten und ein reichhaltiges Repertoire im territorialen und sexuellen Wettbewerb sowie einen hingebungsvollen elterlichen Pflegetrieb. Die Katze ist ein Tier, das voller Überraschungen steckt.

WARUM SCHNURREN KATZEN?

DIE ANTWORT SCHEINT NAHELIEGEND ZU SEIN. Eine schnurrende Katze ist eine zufriedene Katze. Es muß einfach so sein. Aber es stimmt nicht. Vielfältige Beobachtungen haben immer wieder gezeigt, daß Katzen auch bei großem Schmerz, in verletztem Zustand, in den Wehen und selbst noch in der Todesstunde oft laut und anhaltend schnurren. Und diese Katzen kann man wohl schwerlich als zufrieden bezeichnen. Natürlich stimmt es, daß zufriedene Katzen auch schnurren, aber Zufriedenheit ist auf keinen Fall die einzige Voraussetzung für Schnurren. Eine genauere Deutung, die auf alle diese Fälle zutrifft, kommt zu dem Ergebnis, daß Schnurren eine freundliche, sozial aufgeschlossene Stimmungslage ausdrückt. Es kann sich also – sagen wir mal – auch an einen Tierarzt richten, wenn eine verletzte Katze spürt, daß sie dringend auf dessen Wohlwollen angewiesen ist, oder an den Besitzer als Dank für erwiesene Freundschaft.

Das erste Schnurren bei einem Katzenjungen wird hörbar, wenn es kaum eine Woche alt ist, und zwar beim Säugen. Es dient dann als Signal an die Katzenmutter, daß alles in Ordnung ist und der Milchstrom seinen Bestimmungsort erreicht hat. Die Mutterkatze kann ruhig daliegen, dem dankbaren Schnurren lauschen, und weiß, ohne hinzuschauen, daß alles nach Wunsch verläuft. Aber auch sie schnurrt dabei und teilt ihren Kätzchen dadurch mit, daß sie in entspannter, freundlicher Stimmung ist. Schnurren erwachsene Katzen sich gegenseitig oder ihr Frauchen/Herrchen an, so ist dieses Schnurren mit großer Sicherheit ein Sekundäreffekt, der sich aus dem primären Eltern-Kind-Zusammenhang herleitet.

Ein wichtiger Unterschied zwischen Kleinkatzen wie unserer domestizierten Spezies und Großkatzen wie Löwen und Tigern besteht darin, daß die letzteren nicht richtig schnurren können. Ein Tiger begrüßt einen zwar mit einem freundlichen »Ein-Weg-Schnurren«, aber er kann das »Zwei-Weg-Schnurren« der domestizierten Katze nicht erzeugen, bei dem ein schwirrendes Geräusch nicht nur bei jedem Ausatmen hervorgebracht wird, wie es auch der Tiger fertigbringt, sondern auch bei jedem Einatmen. Dieses Zwei-Weg-Schnurren beim Ein- und Ausatmen bringen Katzen auch mit geschlossenem Maul (oder mit der milchspendenden Zitze der Mutter darin) zustande, und sie können es mühelos stundenlang durchhalten, wenn die entsprechenden Voraussetzungen gegeben sind. In dieser Hinsicht haben Kleinkatzen ihren riesigen Verwandten etwas voraus, dafür verfügen Großkatzen aber über eine andere Fähigkeit: Sie können brüllen. Das kann eine Kleinkatze nicht.

WARUM HEISST DIE KATZE KATZE?

ÜBER TIERNAMEN MACHEN WIR UNS im allgemeinen keine Gedanken, doch wenn wir bis zu ihren Wurzeln zurückgehen, erfahren wir häufig auch etwas über den Ursprung der Tiere selbst. Warum heißt also die Katze Katze?

Die Bezeichnung »Katze« findet sich in fast allen europäischen Sprachen mit leichten Abwandlungen: Im Englischen heißt es *cat*, im Französischen *chat*, im Italienischen *gatto*, im Spanischen *gato*, im Schwedischen *katt*, im Norwegischen *katt*, im Dänischen *kat*, im Isländischen *kottur*, im Polnischen *kot*, im Jiddischen *kats*, im Griechischen *gata*, im Maltesischen *qattus*.

Dieser Tiername ist sehr alt und hat sich von einem Punkt aus über die ganze Welt verbreitet. Dieser Ausgangspunkt ist vermutlich das Arabische, denn die älteste Verwendung dieses Namens – *quttah* – wurde in Nordafrika nachgewiesen. Auch die Berberstämme kennen ein ähnliches Wort für Katze.

In die gleiche Richtung geht die Vermutung, daß die Hauskatze von der nordafrikanischen Wildkatze, *felis lybica*, abstammt, die von den alten Ägyptern domestiziert wurde. In Ägypten müssen wir auch die Erklärung für die Bezeichnung Pussykätzchen suchen. Pussy ist eine Variante des Namens der ägyptischen Katzengöttin *Pascht* oder Bastet. Auf eine enge Verbindung der Katze zu dieser Region der Erde verweist auch der Ursprung der Bezeichnung Tabby aus dem Türkischen *utabi*. Und der Name für Katze im Türkischen ist *kedi*, von dem wohl der englische Kosename *kitty* für die Katze abgeleitet ist.

WIE SCHNURRT DIE KATZE?

Viele Leser werden sich vielleicht wundern, daß die Fachleute sich noch immer darüber streiten, wie die Katze ihr berühmtes Schnurren zustande bringt. Noch überraschender ist allerdings die Tatsache, daß es heute für den technischen Ablauf des Schnurrens zwei Erklärungen gibt, die absolut gegensätzlich sind. Und zwar bezieht sich diese Meinungsverschiedenheit nicht auf ein winziges Detail, sondern auf die »Physiologie« des Schnurrens überhaupt. Hier nun die beiden verschiedenen Theorien:

Die Theorie von den falschen Stimmbändern führt das Schnurren auf eine Eigentümlichkeit des Stimmapparates der Katze zurück. Denn außer den gewöhnlichen Stimmbändern besitzt die Katze noch ein zweites Paar, das auch Vorhof-Falte oder falsche Stimmbänder genannt wird. Das Vorhandensein dieses zweiten Stimmbänder-Paares kann angeblich das Geheimnis um den außergewöhnlichen Schnurr-Mechanismus erklären, der es dem Tier ermöglicht, diesen sanften, rollenden Ton für Minuten oder sogar Stunden zu erzeugen, und zwar ohne jede Anstrengung und ohne das Maul zu öffnen.

Falls diese Theorie richtig sein sollte, so ist das Schnurren wenig mehr als lautes Atmen, vergleichbar etwa dem nächtlichen Schnarchen mancher Menschen. Bei jedem Ein- und Ausatmen fließt ein Luftstrom über die falschen Stimmbänder der Katze und verursacht so den typischen Schnurrlaut. Damit dieser charakteristische Ton entstehen kann, muß der Luftstrom etwa dreißigmal in der Sekunde durch leichte Kontraktionen der Kehlkopfmuskeln unterbrochen werden.

Die Blut-Turbulenz-Theorie hingegen besagt, daß der Stimmapparat der Katze überhaupt nichts mit dem Schnurren zu tun hat. Vielmehr nehmen die Verfechter dieser Theorie an, daß es immer dann zu einer *Turbulenz* kommt, wenn sich der Strom des zum Herzen der Katze fließenden Blutes in ihren Hauptvenen verstärkt. Am stärksten ist dieser Effekt im Brustraum der Katze, weil hier die Hauptvene, die das Blut aus dem Körper des Tieres zum Herzen zurückführt, zusammengeschnürt wird. Die Anhänger dieser Theorie glauben, das an diesem Engpaß strudelnde Blut verursache das schnurrende Geräusch, wobei das Zwerchfell als Verstärker der Vibration dient. Angeblich steigt nun das auf diese Weise erzeugte Geräusch durch die Luftröhre des Tieres in den Nebenhöhlen des Schädels empor, wo durch die Resonanz das typische Schnurren entsteht. Einige Fachleute nehmen an, daß der Buckel der schnurrenden Katze diese Blut-Turbulenz verstärkt und so das Schnurren bewirkt, andere wiederum sind der Meinung, die Turbulenzen seien auf emotionale Veränderungen zurückzuführen, die den Blutstrom des Tieres beeinflussen.

Für den Nichtfachmann gibt es wohl wenig Zweifel, welche dieser beiden Theorien stimmig erscheint. Die Theorie der falschen Stimmbänder ist einfach einleuchtender. Sie erklärt auch die sonst rätselhafte Funktion des zweiten Stimmbänder-Paares. Wir wissen, daß die »echten« Stimmbänder die gewöhnlichen stimmlichen Äußerungen der Katze hervorbringen wie beispielsweise Miauen, Jaulen und Schreien, und wenn die »falschen« Stimmbänder nicht das Schnurren erzeugen, wozu dienen sie dann?

Die Theorie von der Blut-Turbulenz ist originell, jedoch kaum mehr. Jeder, der eine schnurrende Katze einmal mit einem Stethoskop abgehört hat, wird zugeben, daß trotz der beachtlichen Lautverstärkung, die auf diese Weise erzielt wird, das Schnurren ganz einfach nicht wie der Widerhall einer Blut-Turbulenz klingt. Dazu sind die Vibrationen viel zu stark. Und der Gedanke, daß die Körperhaltung oder das emotionale Befinden das Schnurren hervorrufen könnte, scheint ziemlich weit hergeholt. Das schnurrende Tier ist fast immer entspannt, und der gesunde Menschenverstand sagt einem, daß gerade in diesem Zustand jede Blut-Turbulenz abklingen, nicht jedoch zunehmen müßte.

Schließlich wird die Theorie der falschen Stimmbänder durch einen einfachen Test bestätigt: Man braucht nur den Finger sanft an die Kehle einer schnurrenden Katze zu legen – dann gibt es keinen Zweifel mehr daran, daß das Schnurren im Kehlkopf des Tieres erzeugt wird. Es ist deshalb schwierig einzusehen, warum man eine wesentlich unwahrscheinlichere Theorie vorziehen sollte. Daß es dennoch Experten gibt, die der zweiten Theorie zuneigen, sollte uns allerdings aufmerken lassen. Denn in der Biologie ist die nächstliegende Erklärung nicht immer die richtige, und vieles auf den ersten Blick Einleuchtende konnte bereits durch sorgfältige moderne Untersuchungen widerlegt werden. Auch was unsere schnurrenden Katzen anbelangt, sollten wir also weiterhin offen und unvoreingenommen bleiben.

WIE SENSIBEL IST DAS GEHÖR DER KATZE?

Das Ohr der Katze ist sehr viel empfindlicher als das menschliche Gehör. Deshalb verabscheuen Katzen Häuser, in denen es sehr geräuschvoll zugeht. Laute Musik, Geschrei und Gebrüll sind eine Qual für das sensible Gehör einer normalen Katze.

Das besondere Jagdverhalten der Katzen macht eine Verfeinerung des Gehörs unerläßlich. Obwohl Hunde schon ein viel größeres Spektrum von Tönen wahrnehmen können als Menschen, werden sie hierin sogar noch von den Katzen übertroffen, die insbesondere auf hohe Töne außerordentlich sensibel reagieren. Das liegt daran, daß Menschen und Hunde sich in ihrer Entwicklungsgeschichte meist darauf beschränkt haben, ihre Beute auf der Jagd zur Strecke zu bringen oder – im Falle des Menschen – sie in eine Falle zu locken, während Katzen es vorziehen, im Hinterhalt auf der Lauer zu liegen, und daher auf das leiseste Geräusch achten müssen. Wenn sie als Jäger Erfolg haben wollen, müssen sie in der Lage sein, das leiseste Knistern und das winzigste Geräusch wahrzunehmen; außerdem müssen sie die Quelle eines Geräusches genau lokalisieren können, damit ihnen ihre Beute nicht entwischt. Das alles erfordert eine wesentlich höhere Sinnesschärfe, als wir sie besitzen, und Labortests haben bestätigt, daß auch domestizierte Katzen über die Fähigkeit verfügen, sehr feine Töne aufzunehmen und zu orten.

Hinsichtlich der Wahrnehmung tieferer Töne gibt es nur geringe Unterschiede zwischen Mensch, Hund und Katze – denn für die Jagd auf kleine Nagetiere ist diese Fähigkeit unerheblich. Auf dem Zenit seiner körperlichen Entwicklung liegt die Tonhöhenwahrnehmung des Menschen bei maximal 20 000 Schwingungen pro Sekunde. Bei älteren Menschen ist das Absinken des Hörvermögens auf Töne mit 12 000 Schwingungen pro Sekunde zu beobachten. Hunde sind in der Lage, Töne mit 35 000 bis 40 000 Schwingungen pro Sekunde zu registrieren, sie können also Töne hören, die außerhalb des menschlichen Wahrnehmungsvermögens liegen. Katzen wiederum registrieren erstaunlicherweise sogar noch Töne mit bis zu 100 000 Schwingungen pro Sekunde. Und das entspricht der äußersten Höhe, die eine Mäusestimme erreichen kann. Deshalb ist keine Maus vor den scharfen Ohren der räuberischen Katze sicher.

Die Meinungen darüber, bis zu welcher Tonhöhe die Hörfähigkeit der Katze maximal reicht, gehen auseinander. Einige Fachleute glauben, daß domestizierte Katzen Töne mit bis zu höchstens 45 000 Schwingungen pro Sekunde deutlich wahrnehmen können. Jenseits dieser Frequenz, so behaupten sie, bestehe nur mehr ein diffuses Hörvermögen. Die meisten Experten stimmen jedoch darin überein, daß dieser Punkt erst bei etwa 60 000 bis 65 000 Schwingungen pro Sekunde erreicht ist. Und eine solche Wahrnehmungsfähigkeit würde völlig reichen, um die meisten von potentiellen Beutetieren erzeugten Geräusche wahrzunehmen.

Diese Hörkapazität der Hauskatze macht auch verständlich, weshalb sie manchmal über geradezu übernatürliche Fähigkeiten zu verfügen scheint. Sie registriert die Ultraschalltöne, die von einer Geräuschquelle ausgesandt werden, und reagiert bereits darauf, bevor wir überhaupt merken, daß sich irgend etwas Ungewöhnliches anbahnt. Sie sollten daher das Wahrnehmungsvermögen Ihres sanft schlummernden Kätzchens niemals unterschätzen. Sogar wenn sie ein Nickerchen hält, sind die Ohren der Katze gewissermaßen auf Empfang gestellt. Sobald sie etwas Ungewöhnliches hört, ist die Katze augenblicklich »voll da« und reagiert im Bruchteil einer Sekunde. Vielleicht schläft sie auch aus diesem Grund zweimal so lange wie wir Menschen und gleicht durch die Länge ihres Schlafes das aus, was diesem an Tiefe fehlt.

Bedauerlicherweise behält die Katze diese bewundernswerte Sinnesschärfe nicht ihr ganzes Leben lang. Im Alter von ungefähr fünf Jahren beginnt das Hörvermögen der Katze allmählich nachzulassen, und im Alter ist das Tier häufig fast taub. Das erklärt auch, weshalb alte Katzen manchmal von schnellen Autos überfahren werden. Die Ursache ist nicht, daß sie zu langsam geworden sind, sondern daß sie das heranrasende Auto einfach nicht hören.

Jüngere Katzen können hohe Töne nicht nur ausgezeichnet wahrnehmen, sie wissen auch exakt die genaue Richtung zu bestimmen, aus der die betreffenden Geräusche kommen. Auf eine Entfernung von zirka 20 Metern unterscheiden sie noch genau zwischen zwei Geräuschquellen, die nicht weiter als 40 bis 50 Zentimeter voneinander entfernt sind. Sie können auch mit Leichtigkeit zwei Geräusche unterscheiden, die aus derselben Richtung, jedoch aus ganz verschiedenen Entfernungen kommen. Und sie können zwischen zwei Geräuschen differenzieren, die nur einen halben Ton voneinander abweichen. In einigen Tests konnte sogar nachgewiesen werden, daß Katzen gleichsam zwischen Zehnteltönen unterscheiden können. Jeder Komponist müßte die Katze deshalb eigentlich um ihr feines Gehör beneiden. Für Katzenbesitzer aber ist es eine traurige Tatsache, daß es im Leben ihrer Lieblingstiere ganze Klangsphären gibt, an denen sie nicht teilhaben können. Das ist eine der zur Bescheidenheit mahnenden Lektionen, die wir von unseren tierischen Hausfreunden lernen können – nämlich, daß wir, die wir uns anmaßen, die Herren des Planeten Erde zu sein, ihnen in so vielen Dingen unterlegen sind.

WIE VIELE VERSCHIEDENE LAUTE KANN DIE KATZE HERVORBRINGEN?

Ein blinder Musiker behauptete, er könne hundert verschiedene von Katzen erzeugte Töne wahrnehmen. Amerikanische Wissenschaftler, die umfangreiches Tonbandmaterial ausgewertet haben, bestehen ebenfalls darauf, daß das Laut-Repertoire der Katze größer ist als das aller anderen Lebewesen – mit Ausnahme des *homo sapiens*. Was für einen Grund sollte es jedoch dafür geben, ist doch die Wildkatze ein nicht gerade besonders geselliges Tier? In der Natur bedürfen nämlich normalerweise insbesondere die Gattungen, die in hochorganisierten Gruppen leben, höchstentwickelter Kommunikationssysteme. Da muß es doch etwas Merkwürdiges mit der Katze auf sich haben.

Die Erklärung ist ganz einfach: Unsere Hauskatze benutzt gleichzeitig zwei verschiedene »Vokabularien«. In freier Wildbahn gibt es bei der Katze für die Verständigung zwischen Mutter und Nachwuchs ein bestimmtes Lautsystem, das später im Erwachsenenalter des Tieres durch ein anderes ersetzt wird. Hauskatzen indessen behalten ihr kindliches »Vokabular« auch im Erwachsenenalter bei, »verbessern« dieses jedoch im Verlauf ihrer Entwicklung und verfügen darüber hinaus noch über das stimmliche Potential der erwachsenen Katze, sexuelle Begierde, Wut und Angst durch spezifische Laute zum Ausdruck zu bringen. Beides zusammen ergibt ein wirklich beeindruckendes Repertoire.

Auch noch in einer anderen Beziehung übertrifft die stimmliche Ausdrucksfähigkeit der Katze das Mitteilungsvermögen anderer Gattungen. Denn Katzen können selbst innerhalb der einzelnen Kategorien stimmlicher Äußerungen noch differenzieren. Bei einem Vogel etwa kann ein bestimmter Pfeifton der typische Alarmruf sein – und dieser Pfeifton verändert sich nie. Gerät nun der Vogel in einen Zustand immer stärkerer Erregung, so wiederholt er diesen Pfeifton einfach um so öfter und vielleicht auch in kürzeren Abständen. Wenn eine Katze jedoch in Panik gerät, kann sie eine Palette von Miau-Rufen produzieren, die ganz unterschiedlich klingen und sich klar auseinanderhalten lassen.

Die Feststellung, daß Katzen über hundert stimmliche Ausdrucksmöglichkeiten verfügen, ist für sich jedoch eher verwirrend als hilfreich. Es ist daher wenig sinnvoll, einfach sämtliche stimmlichen Möglichkeiten der Katze aufzulisten. Statt dessen sollte man lieber die grundlegenden »Botschaften« klassifizieren, die Katzen untereinander austauschen. Allein dies kann uns die »Sprache« der Katze verständlicher machen. Im folgenden möchte ich nun einige dieser »Botschaften« und ihre stimmlichen Begleiterscheinungen näher beschreiben.

1. »Ich bin zornig«

Kämpfende Katzen verursachen einen schrecklichen Lärm. Ihr Jaulen und Kreischen wird in solchen Situationen allerdings von vielen Menschen häufig als Ausdruck sexueller Begierde gedeutet. In Wirklichkeit ertönt dieses Gekreisch immer dann, wenn zwei Katzen gegeneinander kämpfen, und hat überhaupt nichts mit sexueller Erregung zu tun. Zwei sterilisierte Katzenweibchen, die sich über die Grenze ihres Territoriums streiten, können ebenso eindrucksvoll kreischen wie Kater in der Brunstzeit.

Das Kreischen der Katzen wird nur aus einem Grund immer wieder mit der Brunst assoziiert: Während dieser Zeit tritt es am häufigsten auf. Der Duft der rolligen Weibchen zieht Kater von nah und fern an und führt sie häufig so nahe zusammen, daß sie viel mehr als sonst dazu neigen, ihren feindseligen Gefühlen gegeneinander Luft zu machen.

Das Kreischen einer aggressiven Katze ist ein sehr gutes Beispiel für eine Botschaft, die sehr verschiedene lautliche Formen annehmen kann. Man kann jedem dieser Schreie und Laute einen eigenen Namen geben, aber sie sind alle Teil ein und derselben Grundbotschaft: »Verschwinde – oder ich greife dich an.« Weil das Gekreische sich über einen längeren Zeitraum hinziehen kann und weil außerdem die feindselige Stimmung mal steigt und dann wieder abschwillt, nimmt auch die Tonstärke mitunter zu und klingt dann wieder ab. Dabei verändert sich aber nicht nur die Lautstärke, sondern die ganze Beschaffenheit der Stimme. Deshalb sprechen wir von Fauchen, Jammern, Gurgeln, Schreien und Jaulen, um nur einige wenige Ausdrücke anzuführen, die zur Bezeichnung dieser aggressiven Tonart verwendet werden. Es handelt sich aber stets um verschiedene Intensitäten der gleichen Gefühlsäußerung, das sollte man nie außer acht lassen.

2. »Ich habe Angst«

Wenn eine Katze Angst hat, besteht ihre Reaktion normalerweise darin, möglichst lautlos davonzulaufen oder sich zu verstecken. Es ist für sie in einer solchen Situation natürlich völlig unzweckmäßig, viel Lärm zu machen. Aber wenn eine Katze in die Enge getrieben wird und nicht fortlaufen kann, auch wenn sie nichts lieber täte, dann wird sie einen Laut von sich geben, der etwa die folgende Botschaft beinhaltet: »Ich habe zwar Angst vor dir, aber bedräng mich nicht zu sehr, sonst greife ich dich trotz meiner Furcht an.« In einer solchen Lage kann die Katze mitunter auch einen seltsam kehligen Heulton hervorbringen. Das bedeutet, daß sie trotz großer Angst den Mut zur Aggression nicht völlig verloren hat. Falls sie dennoch weiter bedroht wird, fängt sie wahrscheinlich an, um sich zu schlagen. Üblicher noch ist das folgende Verhaltensmuster: Die Katze fängt an zu spucken und zu fauchen, besonders dann, wenn ihr Bedränger ein großer Hund ist oder ein aggressiver Mensch. Objektiv betrachtet, erscheinen diese Laute zunächst nicht sonderlich geeignet, einen Angreifer abzuschrecken. Sie

sind weder laut noch sonderlich voluminös oder volltönend. Gleichwohl sind sie recht wirkungsvoll, flößen sie doch sogar dem größten Hund urplötzlich ein wenig Respekt ein. Für die Wahl gerade dieser Laute gibt es einen bestimmten Grund. Viele Säugetiere besitzen eine angeborene Furcht vor Giftschlangen, und das Geräusch, das eine in die Enge getriebene Schlange erzeugt, ist natürlich ein Fauchen und Spucken. Die Katze vollführt eine Art Mimikry, wenn sie wie eine Schlange reagiert, in der Hoffnung, auf diese Weise bei ihrem Angreifer die tiefsitzende Furcht vor einem Giftbiß zu aktivieren.

3. »Ich habe Schmerzen«

Der Schrei einer Katze, die Qualen leidet, ist unverkennbar und ähnelt dem Schrei vieler Tiere, die schwer verletzt sind oder sich in Todesangst befinden. Er wird manchmal – je nach Intensität – als ein Quäken oder Kreischen beschrieben und ist eine Fortentwicklung des Klagelautes, den in Not geratene kleine Kätzchen ausstoßen, um die Mutter zu Hilfe zu rufen. Dem erwachsenen Tier kommt jedoch in Notsituationen nur in den seltensten Fällen ein Artgenosse zu Hilfe; denn unter erwachsenen Katzen gibt es auch in gefährlichen Situationen wenig gegenseitige Unterstützung. Handelt es sich allerdings um eine Hauskatze, so kann das Wehklagen die Pseudo-Eltern der Katze alarmieren, nämlich ihre menschlichen Beschützer, die ihr dann gleichsam als Muttersatz zu Hilfe kommen können.

Eine besondere Situation, in der die weibliche Katze ebenfalls einen Schmerzensschrei ausstößt, ist das Ende des Begattungsaktes, wenn der Kater seinen mit Stacheln versehenen Penis zurückzieht. Das bereitet dem Weibchen einen scharfen Schmerz und läßt es laut aufschreien. Obwohl Schmerz das vorherrschende Gefühl ist, das sie in diesem Augenblick empfindet, ist es doch zugleich ein Schmerz, der sie auf den Kater zornig werden läßt. Deshalb schlägt sie nach ihm. Diese Kombination von akutem Schmerz und plötzlicher Feindseligkeit verursacht einen noch grelleren Schmerzensschrei – der eigentlich mehr ein helles Kreischen als ein Schreien ist. Der Kater versteht dieses Signal nur zu gut und versucht schleunigst den scharfen Krallen zu entkommen, die nach ihm zielen.

4. »Ich möchte beachtet werden«

Für Katzenbesitzer ist das der Laut, den sie am häufigsten von ihren vierbeinigen Freunden zu hören bekommen. Das Miau der erwachsenen Katze bedeutet – je nach Umständen – vieles, aber die wesentliche Botschaft ist immer dieselbe: »Ich brauche jetzt sofort deine Aufmerksamkeit.« Seinen Ursprung hat es in dem Miauen der kleinen Kätzchen, die ihre Mutter wissen lassen, daß sie Hilfe brauchen oder sich in einer unangenehmen Lage befinden. Bei Wildkatzen verschwindet dieser Laut mehr oder weniger ganz aus ihrem Repertoire, sobald sie erwachsen sind, Hauskatzen hingegen bleiben auch in ihrem Erwachsenenleben noch kleine Kätzchen und kommunizieren mit ihren menschlichen Freunden weiterhin in der Katzenbabysprache. Aber damit nicht genug. Sie vervollkommnen ihr Miauen sogar in einer Weise, wie es wilde Katzen allem Anschein nach nie tun. Sie modifizieren ihr kindliches Miauen und passen es jeder Situation an, in der sie einen Wunsch zum Ausdruck bringen wollen. Es gibt das bettelnde Miau und das fordernde Miau, das klagende Miau und das ängstliche Miau. Dann gibt es ein sanftes, tiefes Miau, das immer dann ertönt, wenn die Katze aus dem Haus gelassen werden will, und ein mitleiderregendes, langgezogenes Miau, wenn sie wieder ins Haus hinein will, weil es anfängt zu regnen. Außerdem gibt es noch das erwartungsvolle Miau, das Ihre Katze ertönen läßt, sobald sie das Geräusch des Dosenöffners hört, und ein irritiertes Miau, mit dem sie zum Ausdruck bringt, daß irgendeine feste Gewohnheit außer acht gelassen wird. Ein aufmerksamer Katzenfreund wird wahrscheinlich all diese verschiedenen Varianten der Botschaft »Ich möchte beachtet werden« rasch identifizieren können und schon bald fließend »Kätzisch« verstehen.

Einige Fachleute haben sich tapfer darum bemüht, die verschiedenen Miaulaute zu klassifizieren und zu standardisieren. Die Ergebnisse dieser Anstrengungen sind oftmals erheiternd, so zum Beispiel, wenn wir aufgefordert werden, zwischen MHRHRNAAAAHOU, MHRHRHRNNAAAAHOOUU und MHHNGAAHOU zu unterscheiden. Unser Alphabet kann diese Laute einfach nicht wiedergeben, und wenn man sie nicht bereits kennt (und in diesem Fall wäre es witzlos, sie niederzuschreiben), besteht wenig Hoffnung, daß man sie aufgrund dieses seltsamen Buchstabensalates identifizieren lernt. Darüber hinaus ist die Verfeinerung der verschiedenen Miaulaute, die sich im Laufe eines Katzenlebens vollzieht, eine ganz persönliche Angelegenheit zwischen ihr selbst und ihrem menschlichen »Beschützer«. Deshalb ist es nicht weiter überraschend, daß es in dieser Hinsicht von Tier zu Tier erhebliche Unterschiede gibt.

Alle diese Variationen basieren auf dem einen grundlegenden Katzenlaut, der genetisch vererbt wird wie alle anderen Bestandteile des Kommunikationssystems der Katze, aber die eher künstliche Beziehung, die zwischen der erwachsenen Katze und ihrem Besitzer besteht, schafft eine besondere Situation, in der sich neue Feinheiten entwickeln, die über das genetisch vorprogrammierte Vokabular hinausgehen. Die Individualität der einzelnen Katze kommt zum Ausdruck, und jeder, der beispielsweise eine gekreuzte Tabbykatze, eine siamesische Katze, eine Perserkatze oder eine Abessinierkatze besitzt, weiß, daß nicht nur die verschiedenen Exemplare dieser Rassen, sondern auch die verschiedenen Zuchtrassen selbst ihr jeweils spezifisches Vokabular haben. Ein Professor Higgins für Katzen wäre erforderlich, um all die komplizierten »Sprachgewohnheiten« der modernen Hauskatze zu entwirren.

5. »Komm mit«

Wenn eine Katzenmutter wünscht, daß ihre Jungen zu ihr kommen oder ihr folgen, gibt sie eine Art sanften, leisen Zwitscherton von sich. Den gleichen Laut benutzt sie auch zur Begrüßung, wenn sie nach einer Weile der Abwesenheit zu ihren Jungen zurückkehrt. Erwachsene Hauskatzen verwenden das gleiche Signal, das gelegentlich als »ansteigender Triller« beschrieben wurde, wenn sie ihre menschlichen Besitzer begrüßen. In solchen Augenblicken drehen sie die üblichen Beziehungsverhältnisse um und behandeln die Menschen gleichsam wie ihre Jungen. (Das gleiche tun sie übrigens, wenn sie ihren Besitzern tote Vögel aus dem Garten bringen. Diese Gepflogenheit ist normalerweise ein Teil des Jagdtrainings; dabei zeigen die Katzenmütter ihren Jungen die Art der Beute, die diese später einmal verfolgen sollen.) Es ist bezeichnend, daß diese Begrüßungstriller in der Regel nur dann erklingen, wenn die Katze in Bewegung ist, meistens dann, wenn sie von draußen gekommen ist und zu der Stelle geht, wo sie ihr Futter erwartet. Deshalb liegt, obwohl es wie eine Begrüßung wirkt, wahrscheinlich auch etwas von der ursprünglichen Bedeutung »Komm her, folge mir« darin.

6. »Ich bin friedlich gestimmt«

Hier kommen wir nun noch einmal auf das berühmte Katzenschnurren zu sprechen. Für manche Katzenfreunde ist es schwierig zu akzeptieren, daß dieser Laut eher »Ich bin friedlich gestimmt« bedeutet als »Ich bin zufrieden«. Aber tatsächlich bedeutet das Schnurren der Katze ganz unabhängig von der jeweiligen Situation eigentlich nie etwas anderes als: »Ich bin friedlich.« Das heißt, mit diesem Signal zeigt sie an, daß sie in einer nicht angriffslustigen Stimmung ist – freundlich, zutraulich, ruhig, entspannt oder auch zufrieden. Im Umgang mit Artgenossen schnurren Katzen beispielsweise:

a) Wenn Jungkatzen an den Zitzen saugen und der Mutter zu verstehen geben möchten, daß alles in Ordnung ist.
b) Wenn die Katzenmutter bei ihren Jungen liegt und ihnen versichert, alles sei in Ordnung.
c) Wenn die Katzenmutter sich dem Ort nähert, wo sie ihre Jungen versteckt hat, und ihnen mitteilt, daß sie nichts zu befürchten haben.
d) Wenn eine junge Katze sich einer erwachsenen nähert, um mit ihr zu spielen, und die andere wissen lassen möchte, daß sie freundlich gesinnt ist und ihre untergeordnete soziale Stellung akzeptiert.
e) Wenn eine dominierende erwachsene Katze sich in freundlicher Gesinnung einer Jungkatze nähert und dieser ihre nicht feindselige Absicht klarmachen möchte.
f) Wenn eine untergeordnete Katze sieht, daß eine dominierende sich ihr feindselig nähert – das Schnurren hat dann die Funktion, die überlegene Katze zu beschwichtigen.
g) Wenn eine kranke Katze sieht, daß eine dominierende sich ihr nähert, und dieser signalisieren möchte, daß sie schwach und nicht feindselig gestimmt ist.

Natürlich wurden bereits Versuche gemacht, die Schnurrlaute der Katze noch genauer zu klassifizieren, aber es zeigte sich dann, daß das Schnurren grundsätzlich eine freundliche Botschaft beinhaltet. Das menschliche Verhalten, das dem Schnurren der Katze am nächsten kommt, ist das Lächeln. Aber wir machen es uns zu einfach, wenn wir sagen, ein lächelnder Mensch sei ein glücklicher Mensch. Genau wie das Schnurren kann auch das Lächeln ebensogut Entspanntheit, Unterwürfigkeit, Friedfertigkeit oder Nachgiebigkeit bedeuten wie Glück. Nicht anders als beim Schnurren ist die Schlüsselbotschaft des Lächelns: »Ich habe nicht die Absicht, dir irgend etwas zuleide zu tun.« Und deshalb ist das Lächeln von grundlegender Bedeutung für die »Entkrampfung« sozialer Beziehungen und durch die Umstände erzwungener menschlicher Nähe.

7. »Ich werde dich beißen«

Katzen, die auf Jagd sind und /oder ein Beutetier entdeckt haben, geben kaum merklich ein seltsames schnatterndes Geräusch von sich. Wenn sie durch das Fenster einen Vogel sehen, so »schnattern« sie mit den Zähnen, als ob sie diese bereits in den Nacken des Beutetiers sinken lassen. Dafür hat es schon vielerlei Deutungen gegeben. Manche Autoren meinten, dieses Schnattern diene dem Zweck, andere Katzen auf die Anwesenheit der Beute aufmerksam zu machen. Ein »Experte« verstieg sich sogar zu der Behauptung, dieses Signal solle die anderen Mitglieder des »Rudels« aktivieren – als wären Katzen Tiere, die im Rudel jagen, wie z. B. Wölfe. Gerade die Tatsache, daß Katzen Einzelgänger sind und bestimmt nicht wünschen, daß andere Artgenossen sie beim Anschleichen unterstützen, macht diesen Laut jedoch so geheimnisvoll. Die einzig mögliche Erklärung ist, daß Katzenmütter dieses Geräusch erzeugen, wenn sie mit ihren fast schon erwachsenen Jungen unterwegs sind, um deren Aufmerksamkeit auf eine potentielle Beute zu lenken – gleichsam im Rahmen eines allgemeinen Jagdtrainings.

Dies sind die sieben wichtigsten Signale, die wir von domestizierten Katzen kennen. Ihre zahlreichen Variationsmöglichkeiten bieten der erwachsenen Katze ein wahrhaft beachtliches Ausdruckspotential. Dem menschlichen Katzenfreund eröffnen sie ein faszinierendes, reiches Studiengebiet und einen wichtigen Zugang zu der Welt ihrer geheimnisvollen tierischen Gefährten. Nur gelegentlich geht einem der sprichwörtliche »Katzenjammer« ganz schön auf die Nerven, und zwar, wenn unser rolliger Liebling mit seinem mitleiderregenden Klagen: »Ich möchte beachtet werden« einen ganzen Chor rivalisierender, maunzender Kater direkt unters Schlafzimmerfenster lockt. Dennoch: Wenn es wieder einmal soweit ist, sollten Sie lieber ein Tonband einschalten, als kübelweise Wasser hinunterzuschütten. Und am nächsten Tag setzen Sie sich dann hin und genießen in aller Ruhe die neueste Katzenoper. Solange nämlich Ihr Schlaf durch eine solche Darbietung nicht gestört wird, werden Sie nicht umhin können zuzugeben, daß die komplizierten Klage-, Jammer- und Jaulsequenzen sich ausgezeichnet zum Studium einer komplexen tierischen Kommunikation eignen.

WAS IST CATGUT?

Obwohl naheliegend, sind Catgut [im Engl. »cat« = Katze, »gut« = Gedärme] keineswegs Katzen-, sondern Schafdärme. Die Eingeweide der Schafe werden gesäubert, eingeweicht, abgeschabt und dann eine Zeitlang in eine alkalische Lösung gelegt. Anschließend werden sie gebleicht, gefärbt und zu Schnüren verbunden. Diese Schnüre, die äußerst stark und flexibel sind, wurden jahrhundertelang zur Herstellung der Saiten von Musikinstrumenten verwendet.

Wie kam es dann aber zur Verwechslung mit Katzendärmen? Die Erklärung dafür liegt in der frühen Verwendung des Begriffs Catgut. Vom Anfang des 17. Jahrhunderts ist ein Text erhalten, in dem von Fiedlern die Rede ist, »die die getrockneten Därme einer miauenden Katze kitzeln«. Später ist von einem Mann die Rede, der »beim Vibrieren des Katzendarms jedesmal zusammenzuckte, weil er das Jammern des hilflosen Tieres zu hören glaubte, das der Harmonie zuliebe geopfert wurde«. Diese Schilderungen stammen aus einer Zeit, in der domestizierte Katzen allzu oft Opfer von Verfolgung und Quälerei waren. Das Geräusch kreischender Katzen war dem menschlichen Ohr zu jener Zeit wohlvertraut, ebenso das durchdringende Schreien streunender Kater, die sich um ein rolliges Weibchen stritten. Und so kam es, daß der Lärm, den ungeübte Musikanten mit ihren Streichinstrumenten machten, mit den typischen Lauten von Katzen in Verbindung gebracht wurden (so entstand der Begriff »Katzenmusik«). In der Vorstellung der gepeinigten Zuhörer wurden auf diese Weise aus Schafdärmen Katzendärme – und aus einem wenig aufregenden Faktum eine schillernde Legende.

WIE BRINGT EINE KATZE ES FERTIG, AUF ALLE VIER PFOTEN ZU FALLEN?

Obwohl Katzen ausgezeichnete Kletterer sind, stürzen sie manchmal ab, doch wenn das geschieht, wird sofort ein spezieller Regulierungseffekt wirksam. Ohne ihn könnte eine Katze sich leicht das Genick brechen.

Wenn sie rücklings fallen, beginnt ausgehend vom Kopfende des Körpers eine automatische Drehaktion. Der Kopf dreht sich zuerst herum, bis er zum Boden gerichtet ist, dann werden die Vorderbeine gedreht und nah ans Gesicht gezogen, um es vor dem Aufprall zu schützen. Als nächstes wird der obere Teil des Rückgrats gedreht, so daß die vordere Hälfte des Körpers mit dem Kopf eine Linie bildet. Schließlich werden die Hinterbeine angezogen, so daß jetzt alle vier Extremitäten bereit sind zur Landung, und währenddessen dreht die Katze gleichzeitig auch die hintere Hälfte ihres Körpers herum, um mit dem Vorderkörper gleichzuziehen. Kurz bevor sie dann den Boden berührt, spreizt sie alle vier Beine dem Boden entgegen und macht einen Buckel, um auf diese Weise die Heftigkeit des Aufpralls zu verringern.

Während diese Körperdrehungen stattfinden, rotiert der versteifte Schwanz wie ein Propeller und dient als eine Art Balancierstange. All dies spielt sich im Bruchteil von Sekunden ab, nur bei Zeitlupenaufnahmen sind die schnell wechselnden Stadien des Regulierungseffekts wahrzunehmen.

WAS MACHT EINE KATZE MIT IHREN SCHNURRBARTHAAREN?

Die übliche Antwort lautet, daß Schnurrbarthaare Fühler sind, durch die die Katze in die Lage versetzt wird, zu erkennen, ob ein Loch groß genug ist, damit sie hindurchschlüpfen kann. Aber die Wahrheit ist weit komplizierter und interessanter. Zusätzlich zu ihrer offensichtlichen Rolle als sensible Fühler dienen die Schnurrbarthaare auch dazu, Luftströmungen wahrzunehmen. Wenn die Katze sich im Dunkeln bewegt, muß sie Gegenstände umgehen, ohne sie zu berühren. Jeder feste Körper, dem sie sich nähert, verursacht leichte Luftwirbel, winzige Störungen innerhalb der normalen Luftströmung, und die Schnurrbarthaare der Katze sind so unglaublich sensibel, daß sie diese minimalen Änderungen wahrnehmen, so daß die Katze massive Hindernisse bemerkt und darauf reagieren kann, ohne sie zu berühren.

Die Schnurrbarthaare sind von außerordentlicher Bedeutung – und tatsächlich lebensnotwendig –, wenn die Katze nachts jagt. Wir wissen das auf Grund folgender Beobachtungen: Eine Katze mit heilen Schnurrbarthaaren kann im Dunkeln ebenso einwandfrei töten wie bei strahlender Helligkeit. Eine Katze mit beschädigten Schnurrbarthaaren kann nur im Hellen einwandfrei töten, bei Dunkelheit verfehlt sie den Tötungsbiß und schlägt ihre Zähne in einen anderen Körperteil des Beutetieres. Das bedeutet, daß in der Dunkelheit, wenn die Sicht behindert ist, gesunde Katzen in der Lage sind, sich ihrer Schnurrbarthaare als eines hochempfindlichen Leitsystems zu bedienen. Sie besitzen eine ganz erstaunliche Fähigkeit, im Bruchteil einer Sekunde den Körperumriß des Opfers auszumachen und den Katzenbiß auf das Genick des unglücklichen Opfers auszurichten. In irgendeiner Weise müssen die Spitzen der Schnurrbarthaare die Einzelheiten des Umrisses der Beutetiere »lesen« können – so wie ein Blinder Blindenschrift liest – und der Katze im selben Augenblick mitteilen, wie sie zu reagieren hat. Fotografien von Katzen, die Mäuse zwischen den Kiefern tragen, nachdem sie sie gefangen haben, zeigen, daß die Schnurrbarthaare den Körper des Nagetiers fast vollständig umschließen, wobei sie fortfahren, jede Information über die leiseste Bewegung zu übermitteln, wenn das Beutetier noch am Leben sein sollte. Weil die Katze von Natur aus überwiegend ein Nachtjäger ist, sind ihre Schnurrbarthaare offensichtlich für ihr Überleben von entscheidender Bedeutung.

Anatomisch gesehen, sind die Schnurrbarthaare stark verlängerte und versteifte Haare, die wesentlich dicker als gewöhnliche Katzenhaare sind. Sie entspringen dem Gewebe über der Oberlippe der Katze und sind dreimal so tief verankert wie andere Haare. Sie sind zusätzlich mit einer großen Anzahl von Nervenenden verbunden, die jede Information über jeden Kontakt, den sie ausmachen, oder jede Veränderung im Luftdruck sofort dem Hirn übermitteln. Im Durchschnitt besitzen Katzen 24 Schnurrbarthaare, zwölf auf jeder Seite der Nase, die in vier horizontalen Reihen angeordnet sind. Sie sind in der Lage, sich sowohl vorwärts als auch rückwärts zu bewegen, vorwärts, wenn die Katze irgend etwas erforscht, fürchtet oder ausprobiert, rückwärts, wenn sie in Abwehrstimmung oder aus Vorsicht vermeidet, irgend etwas zu berühren. Die oberen beiden Reihen können unabhängig von den beiden unteren Reihen bewegt werden, und die stärksten Schnurrbarthaare befinden sich in den Reihen zwei und drei.

Der Fachausdruck für diese Schnurrbarthaare ist *Vibrissae*, und die Katze besitzt eine große Anzahl weiterer verstärkter Haare dieser Art an anderen Teilen ihres Körpers: einige an den Wangen, über den Augen, am Kinn und, überraschenderweise, an der Rückseite der Vorderbeine. Bei allen kann man von höchst sensiblen Bewegungsdetektoren sprechen, aber die übermäßig langen Schnurrbarthaare sind bei weitem die wichtigsten Vibrissae, und die Engländer bezeichnen also durchaus zu Recht etwas ganz Besonderes als »the cat's whiskers« – »die Schnurrbarthaare der Katze«.

WARUM LEUCHTEN KATZENAUGEN IM DUNKELN?

Weil sie eine die Sicht intensivierende Einrichtung am Augenhintergrund besitzen. Es ist ein lichtreflektierender Belag, der *tapetum lucidum* heißt (was wörtlich »leuchtender Teppich« bedeutet), der wie ein Spiegel hinter der Netzhaut wirkt und Licht auf die Nervenzellen zurückwirft. Damit kann die Katze jede noch so geringe Helligkeit, die auf ihre Augen trifft, nutzen. Wir absorbieren mit unseren Augen viel weniger von der Helligkeit, die wir aufnehmen. Wegen dieses entscheidenden Unterschiedes können Katzen Bewegungen und Objekte im Halbdunkeln ausmachen, die für uns völlig unsichtbar bleiben.

Trotz dieser auffälligen nächtlichen Sehfähigkeit stimmt es nicht, daß Katzen bei vollständiger Finsternis sehen können, wie einige zu glauben scheinen. In einer pechschwarzen Nacht müssen sie sich an Geräuschen, Gerüchen und mit Hilfe der Sensibilität ihrer erstaunlichen Schnurrbarthaare orientieren.

WARUM ZIEHT SICH DIE PUPILLE DER KATZE ZU EINEM SENKRECHTEN SPALT ZUSAMMEN?

DADURCH, DASS SICH DIE PUPILLE zu einem Spalt zusammenzieht und nicht zu einem winzigen Kreis, erhält die Katze eine bessere Kontrolle darüber, wieviel Licht in die Augen einfällt. Für ein Tier mit Augen, die sensibel genug sind, noch bei sehr schwachem Licht Wahrnehmungen zu machen, ist es wichtig, nicht von strahlendem Sonnenlicht geblendet zu werden, und die Verengung der Pupillen zu schmalen Spalten verleiht eine bessere Möglichkeit, den Lichteinfall zu reduzieren. Der Grund für die vertikalen – und nicht horizontalen – Spalten im Katzenauge liegt in der zusätzlichen Möglichkeit, den Lichteinfall noch durch das Schließen der Lider zu vermindern. Mit diesen beiden Schlitzen – dem vertikalen der Pupillen und dem horizontalen der Augenlider –, die in rechtem Winkel zueinander wirken, besitzt das Katzenauge die genaueste Einstellvorrichtung für jedes Objekt und jedes Tier, das sie erblickt und das ihr sonst als blendendes Lichtbündel erschiene.

Eine Bestätigung der Tatsache, daß die nächtliche Sensibilität des Katzenauges in engem Zusammenhang steht mit der Konstruktion ihrer Pupillen zu Schlitzen, fand man bei der Beobachtung von Löwen. Sie sind nämlich Tagjäger, und ihre Pupillen ziehen sich – wie unsere – bei Licht zu winzigen runden Stecknadelköpfen zusammen.

KÖNNEN KATZEN FARBEN SEHEN?

JA, ABER NUR SCHLECHT. In dêr ersten Hälfte dieses Jahrhunderts war man überzeugt, daß Katzen total farbenblind wären, und ein Katzenexperte drehte ein bekanntes Sprichwort in folgender Weise um: »Ob Tag oder Nacht, Katzen sehen alles grau.« Das war der vorherrschende Standpunkt in den vierziger Jahren, aber während der letzten Jahrzehnte wurden sorgfältigere Untersuchungsmethoden ausgearbeitet, und jetzt weiß man, daß Katzen zwischen bestimmten Farben unterscheiden können, aber offensichtlich nicht zwischen besonderen Farbnuancen.

Die Ursache für das Scheitern von früheren Experimenten, bei denen überprüft wurde, ob Katzen Farben unterscheiden können, lag in der unzulänglichen Methode. Bei Unterscheidungstests fand die Katze subtile Unterschiede in der Abschattierung von Grautönen rasch heraus und suchte in gewohnter Weise auch dann noch nach Unterschieden, wenn man sie mit zwei Farbtafeln von genau dem gleichen Grauton konfrontierte. Deshalb kam man bei diesen Tests zu negativen Ergebnissen. Nun verwendet man verfeinerte Testmethoden, und moderne Studien konnten den Beweis erbringen, daß Katzen zwischen folgenden Farben unterscheiden können: Rot und Grün, Rot und Blau, Rot und Grau, Grün und Blau, Grün und Grau, Blau und Grau, Gelb und Blau und Gelb und Grau. Ob sie auch noch zwischen anderen Farbpaaren unterscheiden können, ist noch nicht eindeutig geklärt. Ein maßgeblicher Experte glaubt beispielsweise, daß Katzen außerdem Rot und Gelb unterscheiden können, aber andere teilen diese Ansicht nicht. Was immer das endgültige Resultat dieser Untersuchungen sein mag, eines ist sicher: Farben spielen im Leben der Katze keine so wichtige Rolle wie in unserem. Ihre Augen sind vielmehr darauf abgestimmt, im Zwielicht zu sehen, wobei sie nur ein Sechstel der Helligkeit benötigen, die wir brauchen, um die gleichen Details der Bewegungen und Umrisse wahrzunehmen.

WAS SIGNALISIEREN KATZEN DURCH IHRE AUGENSPRACHE?

Wenn Sie Ihre Katze das nächste Mal füttern, dann schauen Sie ihr fest in die Augen. Falls sie hungrig ist, werden sich die Pupillen der Katze in dem Augenblick, da sie ihr Futter erblickt, weiten. Die vertikalen Sehschlitze werden sich in diesem Fall zu schwarzen Teichen erweitern. Sorgfältige Tests haben gezeigt, daß die Pupille sich dabei in weniger als einer Sekunde auf das Vier- bis Fünffache ihrer normalen Größe ausdehnt.

Meist werden diese Veränderungen der Augen durch Variationen innerhalb der Lichtstärke erzeugt. Je mehr Licht in die Augen der Katze fällt, desto enger ziehen die Pupillen sich zu vertikalen Schlitzen zusammen, je weniger Licht vorhanden ist, desto weiter öffnen sie sich zu runden, schwarzen Teichen. Eine solche Veränderung der Katzenaugen läßt sich im Laufe eines Tages häufiger beobachten, wenn das Tier vom Hellen ins Dunkle kommt und wieder zurück ins Licht, und dieser dauernde Wechsel ist so üblich, daß wir aus diesem Grund nahezu alle anderen Veränderungen der Pupillen, die außerdem noch stattfinden, übersehen.

Ihre Entfernung von einem Objekt, das sie in Augenschein nimmt, hat gleichfalls Einfluß auf die Pupillenform der Katze: Je größer ihre Nähe zu einem Objekt, desto mehr muß sie die Pupillen zusammenziehen, bei größerem Abstand hingegen erweitert sie diese allmählich. Diese Art der Pupillenveränderung kann uns vor allem dann irritieren, wenn wir an den Augen die Stimmungssignale der Katze ablesen wollen.

Um die Sache noch mehr zu komplizieren: Die Pupillen der Katze werden nicht nur dann groß und rund, wenn sie etwas Angenehmes erblickt, sondern auch dann, wenn sie etwas sehr Bedrohliches sieht. Eines läßt sich somit eindeutig erklären: Wenn sich die Pupillen der Katze ohne eine Abnahme der Lichtintensität oder ohne allzu große Nähe des Objektes, das sie betrachtet, erheblich weiten, so deutet das auf einen Zustand starker Erregung hin.

Diese Erregung kann angenehm sein, wie beispielsweise beim Anblick schmackhaften Futters, oder auch unangenehm, wie etwa angesichts eines großen, aggressiven Gegners. In beiden Fällen weiten sich die Pupillen weit über das normale Maß hinaus, als sei die Katze bestrebt, ihre Aufnahmefähigkeit für die Informationen, die von dem erregenden Objekt ausgehen, zu steigern.

Da die Katze in Situationen der Angst extrem erweiterte Pupillen hat, scheint es nur natürlich, daß ihre Pupillen im umgekehrten Fall, nämlich immer dann, wenn sie dominierend, aggressiv und furchtlos auftritt, die genau entgegengesetzte Form annehmen. Sie verengen sich zu schmalen vertikalen Sehschlitzen. Aber Vorsicht! Das bedeutet nicht, daß nur eine Katze, deren Pupillen vertikal verengt sind, gefährlich ist. Eine ängstliche Katze mit erweiterten Pupillen wird mit großer Wahrscheinlichkeit in Panik ebenfalls zuschlagen. Tatsächlich öffnen brave Hauskatzen, die »genug haben« und deshalb anfangen, sich zu verteidigen, oft blitzschnell ihre Pupillen, kurz bevor sie zum Schlag ausholen. Deshalb ist es wichtig, die Signale der erweiterten Pupillen äußerst sorgfältig zu studieren und richtig »einzuordnen«, bevor man anfängt, aus den Beobachtungen der Augenveränderungen bei einer Katze Schlußfolgerungen zu ziehen.

Zusätzlich zu der Möglichkeit einer Veränderung ihrer Pupillen kann die Katze ihre jeweilige Stimmung aber auch durch den Grad des Öffnens und Schließens der Augenlider signalisieren. Eine wachsame Katze hat völlig geöffnete Augen, und in dieser Position verbleiben sie stets, wenn Fremde anwesend sind, denen die Katze nicht völlig vertraut. Sobald das Tier die Lider halb geschlossen hat, ist das ein Ausdruck völliger Entspannung, der zugleich absolutes Vertrauen in das Wohlwollen der Anwesenden signalisiert.

Ein völliges Schließen der Augen kommt nur in zwei Fällen vor: im Schlaf und als Mittel der Beschwichtigung. Wenn zwei Katzen gegeneinander kämpfen und eine gezwungen ist, sich zu unterwerfen, kommt es oft zu einem Rückzug, wobei die unterlegene Katze sich von ihrem Bedränger wegdreht und die Augen schließt in dem Versuch, den furchterregenden Anblick des dominierenden Rivalen auszublenden. Das ist grundsätzlich eine Abwehrhaltung, ein Versuch, die Augen vor einer möglichen Gefahr zu schützen, aber es ist auch ein Weg, die unerträgliche Spannung des Augenblicks zu mindern. Außerdem betrachtet der Sieger dieses besondere Verhalten als Zeichen der Kapitulation seines Gegners.

Schließlich noch ein paar Worte zum Anstarren oder Fixieren. Wenn man eine Katze längere Zeit mit weit geöffneten Augen anstarrt, so hat das für sie nur *eine* Bedeutung: ein Augensignal, das Aggression ankündigt. Mit anderen Worten, wenn ein Mensch eine Katze anstarrt, bedroht er sie damit. Und doch tun wir das immer wieder, gerade weil wir uns an der Schönheit einer edlen Katze erfreuen wollen.

Wir tun das selbstverständlich ohne Hintergedanken und ohne die leiseste Absicht, der Katze ein Leid anzutun. Aber es ist natürlich äußerst schwierig für die Katze, das zu erkennen. Eine einfache Lösung besteht darin, Katzen immer nur dann anzustarren, wenn sie selber einen gerade nicht anschauen. Sobald wir den Blick einer Katze »treffen«, versetzen wir sie unvermeidlich in Furcht, auch wenn das das letzte ist, was wir beabsichtigen. Durch diese kleine Rücksichtnahme können wir dafür sorgen, daß unsere Katze sich in unserer Gegenwart wohl und ungezwungen fühlt.

WARUM LASSEN SICH KATZEN SO GERN STREICHELN?

WEIL SIE DIE MENSCHEN ALS »Mutterkatzen« betrachten. Katzenkinder werden von ihrer Mutter in den ersten Lebenstagen immer wieder abgeleckt, und das Streicheln der menschlichen Hand erzeugt auf dem Fell fast das gleiche Gefühl wie das Lecken der Katzenzunge. Für junge Katzen bedeutet die Mutter: jemand, der sie füttert, säubert und beschützt. Weil Menschen das gleiche für ihre vierbeinigen Lieblinge tun, selbst wenn deren Jugendzeit schon weit zurückliegt, werden domestizierte Katzen nie ganz erwachsen. Sie mögen zwar völlig ausgewachsen sein und ihre sexuelle Reife erlangt haben, aber in der Beziehung zu ihren menschlichen Besitzern bleiben sie, auch in ihrer eigenen Vorstellungswelt, Katzenkinder.

Aus diesem Grund behalten Katzen – auch ältere Tiere – die Angewohnheit bei, mütterliche Zuneigung von ihren Besitzern zu erbetteln, indem sie sich an sie schmiegen und sie lange anstarren, in Erwartung der pseudomütterlichen Hand, die wie eine riesige Zunge wieder anfangen soll, ihr Fell zu streicheln oder darin zu spielen.

Eine sehr charakteristische Körperreaktion, die Katzen an den Tag legen, wenn sie gestreichelt werden, ist das steile Aufrichten des Schwanzes, so als ob sie ihre Mutter begrüßen wollten. Das ist eine typische Reaktion bei jungen Katzen, während die leibliche Mutter sich um sie kümmert, und es stellt zugleich eine Einladung an sie dar, ihre Analregion zu inspizieren.

WARUM ROLLT SICH EINE KATZE AUF DEN RÜCKEN, WENN SIE SIE SIEHT?

WENN SIE IN EIN ZIMMER KOMMEN, in dem eine Katze schlafend am Boden liegt, und Sie sie mit ein paar freundlichen Worten begrüßen, antwortet sie vielleicht damit, daß sie sich auf den Rücken rollt, ihre Beine so weit ausstreckt wie nur irgend möglich, gähnt, die Krallen ausstreckt und einzieht und sanft mit der Schwanzspitze zuckt. Während all dieser Aktionen starrt sie Sie an und versucht, Ihre Stimmung zu erkunden. Dies ist eine passive, freundliche Begrüßung auf Katzenart, die sie nur gegenüber engen Vertrauten anwendet. Nur wenige Katzen würden eine solche Begrüßung riskieren, wenn eine fremde Person den Raum betritt, weil die Position mit dem Bauch nach oben das Tier in höchstem Grade wehrlos und angreifbar macht. Diese Geste ist in der Tat die Quintessenz aller Freundschaftsbezeugungen. Die Katze sagt damit ausdrücklich: »Ich rolle mich herum, um dir meinen Bauch zu zeigen und damit zu demonstrieren, daß ich dir genügend vertraue, um diese höchst verletzliche Stellung in deiner Gegenwart einzunehmen.«

Eine unternehmungslustige Katze würde zur freundlichen Begrüßung rasch auf Sie zulaufen und sich an Ihnen reiben, aber eine Katze in fauler, schläfriger Stimmung zieht es vor, nur ihre Unterseite zur Schau zu stellen. Das gleichzeitige Gähnen und Sichstrecken des Tieres spiegelt seine Schläfrigkeit wider – eine Schläfrigkeit, in der es allerhöchstens dazu bereit ist, sich auf den Rücken zu rollen, aber zu nichts anderem. Das leichte Zucken des Schwanzes zeigt an, daß sich eine minimale Konfliktsituation entwickelt – zwei einander entgegengesetzte Bestrebungen entstehen. Eine ist, ausgestreckt liegen zu bleiben, die andere, aufzuspringen und sich dem Ankömmling freundlich zu nähern.

Es ist übrigens keineswegs immer sicher, daß eine Katze, die auf diese Weise ihren Bauch präsentiert, Ihnen auch erlauben würde, ihr die weiche Unterseite zu streicheln. Es mag so aussehen, als ob sie es geradezu anbietet, aber häufig wird der Versuch, mit streichelnder Hand auf dieses Angebot zu reagieren, mit einem ärgerlichen Schlag der Pfote abgewehrt. Die Bauchregion wird von der Katze in der Regel so gut geschützt, daß sie eine sanfte Berührung oft schon als unangenehm empfindet, mit Ausnahme einiger seltener Beziehungen, in denen die Katze und ihr menschlicher Besitzer ein außerordentlich hohes Maß an Vertrautheit miteinander entwickelt haben. Eine solche Katze vertraut ihrer menschlichen Familie dann so weitgehend, daß sie fast alles mit sich machen läßt. Aber für die eher typische, vorsichtige Katze hören die Annäherungen und Vertraulichkeiten meist bei den Weichteilen auf.

WARUM REIBT SICH DIE KATZE ZUR BEGRÜSSUNG AN IHREN BEINEN?

Zum Teil, um freundlichen Körperkontakt mit Ihnen aufzunehmen, aber das ist bei weitem nicht alles. Die Katze fängt im allgemeinen damit an, daß sie den Kopf oberhalb der Stirn oder eine Seite ihres Gesichtes an Sie preßt. Dann reibt sie ihre Flanken der Länge nach an Ihnen, und schließlich schlingt sie möglicherweise einmal leicht den Schwanz um Ihre Beine. Danach schaut sie auf und wiederholt den Prozeß noch einmal, manchmal sogar mehrmals. Wenn Sie nun hinunterlangen und das Tier streicheln, reibt es sich verstärkt an Ihnen und drückt oft auch sein Maul seitlich gegen Ihre Hand oder stupst mit dem Kopf dagegen. Dann schlendert es angelegentlich davon – das Begrüßungsritual ist ja komplett abgelaufen –, setzt sich hin und putzt seine Flanken.

Jedes dieser Begrüßungselemente hat seine ganz bestimmte Bedeutung. Hauptsächlich geht es dabei um den Austausch der körperlichen Gerüche zwischen der Katze und dem Menschen. Katzen haben spezielle Duftdrüsen oben an den Schläfen und in der Mundhöhle. Eine andere befindet sich an der Schwanzwurzel. Ohne daß Sie es bemerkt haben, hat Ihre Katze Sie mit dem Duft dieser Drüsen parfümiert. Der Körpergeruch einer Katze ist für unsere groben Nasen zu fein, aber für die Katze ist es von großer Bedeutung, daß alle befreundeten Mitglieder »ihrer« Familie auf diese Weise ihre Körpergerüche austauschen. Dadurch fühlt die Katze sich mehr zu Hause bei ihren menschlichen Gefährten. Wichtig ist auch, daß die Katze *unsere* Duftsignale empfängt. Das geschieht, nachdem sie sich bei der Begrüßung an uns gerieben hat, indem sie sich anschließend hinsetzt und putzt, wobei sie uns gewissermaßen mit der Zunge schmeckt – denn gerade zum Zwecke des anschließenden Fellputzens hat sie sich vorher so sorgfältig an uns gerieben.

WARUM ERHEBEN SICH MANCHE KATZEN ZUR BEGRÜSSUNG AUF DIE HINTERBEINE?

Eines der Probleme, die Katzen zu bewältigen haben, wenn sie sich ihren menschlichen Gefährten nähern, besteht darin, daß wir viel zu groß sind. Sie hören unsere Stimme aus einer für sie großen Höhe an ihre Ohren dringen, und es fällt ihnen schwer, Riesenwesen, wie wir es sind, in der katzenüblichen Weise zu begrüßen. Wie können sie z. B. die typische Katzenbegrüßung mit gegenseitigem Köpfchengeben ausführen? Es gelingt ihnen einfach nicht. Sie müssen sich damit begnügen, sich an unseren Beinen oder einer heruntergestreckten Hand zu reiben. Aber es liegt in ihrer Natur, das Begrüßungszeremoniell mehr in Richtung unserer Kopfregion auszuführen, und deshalb versuchen sie eine kleine gezielte Bewegung, um eben das zu erreichen – einen steifbeinigen Hopser, bei dem beide Vorderpfoten zusammen vom Boden abheben und der Körper für einen kurzen Augenblick nach oben gezogen wird, bevor sie ihn wieder in seine übliche Stellung auf alle vier Beine zurückfallen lassen. Dieser Begrüßungs-Hopser ist daher als ein signifikantes Rudiment des herkömmlichen Kopf-an-Kopf-Kontaktes zu verstehen. Der Schlüssel zu dieser Interpretation stammt von der Art und Weise, in der Kätzchen manchmal ihre Mutter begrüßen, wenn sie zum Nest zurückkehrt. Wenn sie sich bereits bis zu dem Punkt entwickelt haben, an dem ihre Beine für den Hopser kräftig genug sind, zeigen die Jungkatzen eine gemäßigte Abart der gleichen Bewegung, indem sie ihre Köpfe hochrecken zum Gesicht der Mutterkatze. In diesem Fall ist der Höhenunterschied allerdings nicht allzu groß, und die Mutterkatze kommt ihnen entgegen, indem sie ihren Kopf herabbeugt. Aber der einleitende Hopser ist deutlich zu erkennen.

Der Kopf-an-Kopf-Kontakt ist, wie das Aneinanderreiben bei der Begrüßung, eine Eigenart der Katzen, um die persönlichen Körpergerüche zu vermischen und einen allgemeinen Familiengeruch zu erzeugen. Einige Katzen ergreifen die Initiative und versuchen, bei der Begrüßung ihres menschlichen Freundes einen besseren Kopf-an-Kopf-Kontakt herzustellen. Anstelle des eher traurigen, symbolischen kleinen Hopsers springen sie auf irgendein Möbelstück neben dem Menschen und benutzen diese höhergelegene Position, um eine echte Nasenbegrüßung zustande zu bringen.

WARUM FÜHLEN SICH KATZEN MANCHMAL VON MENSCHEN ANGEZOGEN, DIE KEINE KATZEN MÖGEN?

Wenn eine Katze einen Raum betritt, in dem sich mehrere Leute miteinander unterhalten, kann es vorkommen, daß sie ausgerechnet auf den Menschen zugeht, der eine anomale Furcht vor Katzen hat. Zur Bestürzung dieses Menschen fängt die Katze nun an, sich an seinen oder ihren Beinen zu reiben, und springt dem Betreffenden vielleicht sogar auf den Schoß. Weshalb verhalten sich Katzen derartig pervers?

Für manche Leute ist dieses Verhalten eine Bestätigung des alten Vorurteils, daß es im Charakter der Katze etwas von Natur aus Böses gibt und daß Katzen deshalb absichtlich jemanden auswählen, der eine Katzenphobie hat, und es sozusagen ganz bewußt darauf anlegen, den Betreffenden in Verlegenheit zu bringen. Aber das ist eine ganz und gar unsinnige abergläubische Deutung. Es gibt eine viel einfachere Erklärung für dieses Verhalten.

Wenn eine Katze den Raum betritt und sich umschaut, bemerkt sie, daß verschiedene Leute sie anstarren. Das sind die Katzenfreunde, die ihren Blick auf die Katze richten, weil sie Gefallen an ihr finden. In der Terminologie der Katze aber bedeutet das Angestarrt-Werden eine zumindest schwache Bedrohung. Kindern bringt man manchmal bei, daß es »unhöflich ist, jemand anzustarren«, aber Katzenfreunde vergessen diese Regel oft, wenn sie eine herannahende Katze anschauen. Anstatt nur einen Blick auf sie zu werfen, was immer akzeptabel ist, starren sie die Katze fortwährend in einer Weise an, die dazu führt, daß das Tier sich unbehaglich fühlt. Die einzige anwesende Person, die das nicht tut, ist der Katzenfeind, der fortschaut und sich ganz ruhig verhält, weil er versucht, die Aufmerksamkeit des gefürchteten Tieres nicht auf sich zu lenken. Aber ein solches Verhalten hat genau die entgegengesetzte Wirkung. Die Katze, die nach einem Schoß Ausschau hält, auf dem sie in Ruhe sitzen kann, geht schnurstracks auf diese Person zu, die sich *nicht* bewegt, die *nicht* mit der Hand winkt, die *keine* schrillen Bemerkungen macht und die, vor allem, sie *nicht* anstarrt. Die Katze zeigt damit deutlich ihre Vorliebe für eine zurückhaltende Körpersprache des Menschen.

Wer unter einer Katzenphobie leidet und sich die Tiere vom Leib halten möchte, erreicht dieses Ziel am besten, indem er sich gleich am Anfang der »Begegnung« zu der betreffenden Katze herabbeugt, sie mit weitgeöffneten Augen unverwandt anstarrt und aufgeregte Bewegungen mit der Hand vollführt. Außerdem sollte er das Tier mit möglichst lauter Stimme auffordern, herzukommen und sich ihm auf den Schoß zu setzen. Das löst ganz bestimmt den entgegengesetzten Effekt aus, und der Betreffende kann sich entspannen, ohne das Lieblingstier des Gastgebers offensichtlich beleidigt zu haben.

WARUM SAGT MAN, »DA IST NICHT GENÜGEND PLATZ, UM EINE KATZE HERUMZUSCHWENKEN«?

Das geht zurück auf die Peitsche, die »neunschwänzige Katze«, die früher auf Kriegsschiffen verwendet wurde, nicht aber auf das Tier selbst. Diese Peitsche hatte neun einzeln verknotete Stränge und war zu lang, als daß man sie unter Deck schwingen konnte. Daraus folgte, daß Seeleute, die zur Prügelstrafe verurteilt worden waren, nach oben gebracht werden mußten, wo es genug Platz gab, um die Peitsche zu schwenken.

Der Grund dafür, daß die Peitsche als Katze bezeichnet wurde, lag darin, daß sie Spuren auf den Rücken der Seeleute hinterließ, die an Krallenkratzer einer Wildkatze erinnerten.

WARUM SCHMOLLEN KATZEN?

Eine Katze, die ausgescholten wird, kehrt oft ihrem Besitzer den Rücken und weigert sich, ihn anzusehen. Ein Katzenhalter berichtete mir in diesem Zusammenhang über seinen Kater: »Er kehrt uns in solchen Situationen den Rücken zu, macht es sich bequem und zeigt keine Reaktion, wenn wir seinen Namen rufen, wie er es sonst immer tut, höchstens, daß er manchmal ein Ohr nach hinten dreht.« Dieses Verhalten, das von Katzenfreunden beobachtet wird, wenn sie ihren Liebling bestraft oder zurechtgewiesen haben, wird häufig als ein hochmütiges Schmollen gedeutet. Aber was tut die Katze wirklich?

Eines tut sie jedenfalls nicht. Es ist nicht ihr Bestreben, »verletzten Stolz« zur Schau zu stellen, wie die Menschen immer glauben, sondern sie zeigt vielmehr ihre soziale Unterlegenheit an. Ihr Hochmut besteht nur scheinbar, nicht wirklich. Das ist für einige Katzenfreunde schwer zu verstehen, weil sie so großen Respekt vor ihren Lieblingstieren haben. Aber sie übersehen die Tatsache, daß sie für die Katze riesig sind und deshalb überwältigend wirken. Wenn eine Katze sich schlecht aufführt und ihr Besitzer deshalb bitterböse reagiert, fühlt sich die Katze bedroht. Die Verärgerung des Menschen über die Missetat einer Katze äußert sich im allgemeinen durch einen scharfen Ton und einen starren Blick. Eine Katze fühlt sich jedoch eingeschüchtert, wenn sie angestarrt wird, und ihre ganz natürliche Reaktion besteht darin, den feindseligen Anblick der sie fixierenden Augen zu vermeiden. Das tut sie, indem sie sich weigert, wieder in das finster blickende Gesicht zu schauen.

Dieses Verhalten hat aus der Perspektive der Katze die Funktion, die Spannung herabzusetzen und den Anblick des feindseligen Gesichtes zu vermeiden, das drohend über ihr aufragt. Es hat darüber hinaus noch zwei weitere Wirkungen: Es verringert die Furcht der Katze selbst und gestattet es ihr zu bleiben, wo sie ist, anstatt sich zu entfernen und in Sicherheit zu bringen, und es verhindert ein Zurückstarren der Katze, das möglicherweise weitere Feindseligkeiten provozieren könnte.

Die Bedeutung dieses »Nicht-Zurückstarrens« im sozialen Leben der Katzen wird offensichtlich, wenn zwei Katzen irgendwo in einen »Statuskampf« verwickelt werden. Die dominierende Katze starrt dabei ihren Rivalen immer direkt an. Die unterlegene Katze schaut, wenn sie nicht weichen will, wohlüberlegt von ihrem Gegner fort und sorgt damit dafür, daß ihr Blick nicht in die Nähe der Augen des sie anstarrenden überlegenen Tieres abirrt. In unserer Menschenwelt hat sich dieses Drohstarren bei großen Boxkämpfen zu einem regelrechten Ritual entwickelt. Wenn der Schiedsrichter unmittelbar vor der ersten Runde zu den beiden Boxern spricht, starren die beiden Sportler einander direkt in die Augen. Keiner wagt es, auch nur für einen Augenblick beiseite zu blicken, weil ihm das als ein Zeichen von Schwäche ausgelegt werden könnte. Von der »schmollenden« Katze wird dieses Zeichen von Schwäche dagegen wohlüberlegt zur Schau gestellt, um dem Blick des betreffenden Menschen auszuweichen.

Wer das bezweifelt, kann, wenn er das nächstemal einen Zoo besucht, einen einfachen Test durchführen, der von Paul Leyhausen, der großen Autorität in Katzenfragen, empfohlen wird. Leyhausen erprobte die Macht des direkten Anstarrens, indem er sich vor einen Tigerkäfig stellte und seine Augen verbarg. Er hob zu diesem Zweck seine Kamera vor das Gesicht, durch deren Linse er nichtsdestoweniger die Aktionen des Tigers weiterhin beobachten konnte. Das Tier duckte sich nieder, bereit zum Angriff, und sprang dann quer durch den Käfig zu der Stelle, vor der Leyhausen stand. Als er herankam, nahm dieser rasch die Kamera herunter und starrte die Großkatze mit weit geöffneten Augen direkt an. Sie kam augenblicklich zum Stehen und schaute schnell weg, um dem Blick des Mannes auszuweichen. Sobald Leyhausen seine Augen wieder hinter der Kamera verbarg, unternahm der Tiger einen erneuten Angriff. Wieder stoppte Leyhausen ihn mit einem festen Blick. Das Experiment ließ sich beliebig oft wiedeholen.

Abgesehen von dem Umstand, daß dieses Experiment eine wertvolle Lehre für jeden ist, der sich unvermutet auf kurze Distanz einer Großkatze gegenübersieht, erklärt es auch, wie Löwendompteure im Zirkus es schaffen, ihre Tiere zu beherrschen. Ein fixierender Blick des Dompteurs, und sie schauen fort, wobei sie ruhig (»schmollend«) an ihrem Platz bleiben.

Das Phänomen des Drohstarrens erklärt auch noch eine andere Eigenart im Verhalten von Katzen. Einige Beobachter haben bemerkt, daß domestizierte Katzen, die im Garten kleine Vögel jagen, in einer besonderen Hinsicht erstaunlich intelligent vorgehen. Wenn der Kopf des Vogels hinter einem kleinen Hindernis verschwindet, kann man beobachten, wie die Katze vorwärtsstürmt und -springt, als ob sie wüßte, daß der Vogel in diesem Augenblick ihr rasches Vordringen nicht sehen kann. Das zu berechnen, wäre für eine Katze eine beachtliche geistige Leistung, aber es gibt natürlich eine viel einfachere Erklärung dafür. Solange die Augen des Vogels sichtbar sind, fühlt sich die Katze automatisch von ihm »angestarrt«, was einen Ausfall ihrerseits verhindert. Sobald aber seine Augen zufällig von einem Hindernis verdeckt werden, ist das Starren vorbei, und die Katze kann angreifen. Die Beobachtung von Großkatzen, die sich an ihre Beute heranpirschen, hat ein ähnliches Reaktionsmuster ergeben. Wenn das Beutetier aufblickt und den Löwen oder Tiger direkt anstarrt, schaut die Großkatze schüchtern beiseite, so als stehe sie plötzlich dem ganzen Jagdgeschäft völlig indifferent gegenüber. Deshalb kann jedes Beutetier, das den Mut besitzt, den jagenden Löwen einfach anzustarren, einen wichtigen Feldvorteil erringen – bis ein anderer Löwe von hinten naht.

WIE FEIN SIND DIE GESCHMACKSEMPFINDUNGEN DER KATZE?

Wenn Katzen schon besser sehen, hören und riechen können als wir Menschen, so ist es beruhigend zu entdecken, daß wir ihnen wenigstens in bezug auf eine Sinneswahrnehmung überlegen sind. Was den Geschmack anbelangt, so ist unsere Zunge ein wenig empfindlicher als die der Katze. Aber nur ein wenig. Wie wir Menschen, so reagieren auch Katzen auf vier grundlegende Geschmacksrichtungen: sauer, bitter, salzig und süß. Wir sprechen auf jede dieser vier Geschmacksrichtungen stark an, Katzen aber reagieren auf Süßes nur schwach. Ihnen fehlt unser Sinn für Süßes.

Bis vor kurzem behaupteten viele Fachleute kategorisch, daß Katzen – fast als einzige Säugetiere – unfähig seien, unterschiedliche Süßvarianten wahrzunehmen. Ein Experte erklärte kategorisch: »Die Katze zeigt keinerlei Reaktion auf Süßes.« Ein anderer konstatierte: »Katzen sind nicht in der Lage, zwischen verschiedenen Süßvarianten zu unterscheiden.« Diese herkömmliche Ansicht ist widerlegt. Neue Tests haben bewiesen, daß Katzen sehr wohl einen süßen Geschmack wahrzunehmen vermögen. Wenn Milch zu drei Vierteln mit Wasser verdünnt wird und man hungrigen Katzen die Wahl läßt zwischen der so verdünnten Milch plus Zucker und der gleichen Milch ungesüßt, ziehen sie die gezuckerte Milch vor.

Wenn das aber der Fall ist, weshalb wurde dieses Unterscheidungsvermögen der Katzen in der Vergangenheit stets bestritten? Die Antwort lautet, daß Katzen bei den meisten Tests den Süßigkeitsfaktor bei ihrer Wahl nicht berücksichtigen. Er ist für sie von so geringer Bedeutung, daß er keine Rolle spielt. Wenn man ihnen zum Beispiel unverdünnte oder sogar zur Hälfte verdünnte Milch vorsetzt, zeigen sie keine Vorliebe für die süße Sorte. Ihre Reaktion auf die Milch selbst ist zu stark. Erst wenn der Milchfaktor durch Verdünnung stark reduziert wird, fängt der Süßigkeitsfaktor an, eine Rolle zu spielen. Also erfreuen sich auch Katzen an einem süßen Geschmack, allerdings nur zu einem sehr geringen Grad.

Am stärksten reagieren Katzen auf saure Geschmacksrichtungen, dann auf bittere, salzige und zuletzt auf süße. Wenn das Futter die Zunge berührt, kommt es in Kontakt mit den darauf befindlichen sensorischen Papillen. In der Zungenmitte sind diese Papillen groß, rauh und nach hinten gerichtet. In diesem Bereich besteht eine Spezialisierung der Zungenoberfläche, die nichts mit dem Geschmackssinn zu tun hat. Tatsächlich gibt es in dieser Zentralregion keine Geschmacksknospen. Diese Zone ist ausschließlich dafür da, Fleisch vom Knochen zu schaben und das Fell zu putzen. Die Geschmacksknospen befinden sich nur an der Zungenspitze, den Seiten und schließlich dem hinteren Teil der Zunge.

Die stärkste Reaktion zeigen Katzen jedoch auf den Geruch, das Aroma des Futters. Dies spielt für sie die wichtigste Rolle, wenn sie sich dem Futter nähern. Deshalb gehen Katzen auch oftmals wieder fort, wenn sie daran geschnuppert, doch ohne davon auch nur im geringsten gekostet zu haben. Wie ein Weinkenner, der nur zu schnuppern braucht, um zu wissen, wie gut ein Wein ist, kann eine Katze alles, was sie wissen will, in Erfahrung bringen, ohne von dem Futter zu probieren.

Wenn das Tier einen Mundvoll Futter aufnimmt, reagiert die Zunge empfindlich auf die Temperatur der Nahrung. Die wilden Vorfahren unserer Hauskatzen verzehrten ihre Beute gern frisch, gleich nach dem Erlegen – sie waren keine Aasfresser. Und ihre zahmen Nachkommen vertreten in dieser Angelegenheit den gleichen Standpunkt.

Die für Katzenfutter ideale Temperatur beträgt 34 Grad Celsius, was zufällig genau der Temperatur der Katzenzunge entspricht. Kühlschrankfrisches Futter ist für Katzen ein Greuel – außer wenn sie sehr hungrig sind, in diesem Fall vertilgen sie so ziemlich alles. Leider ist für die meisten Katzen erwärmtes Futter heutzutage so etwas wie ein seltener Luxus, und wie viele Menschen haben sie sich die Fertignahrungs-Mentalität der modernen Zeit zu eigen gemacht.

WARUM VERWEIGERN KATZEN MANCHMAL IHR FUTTER?

Jeder Katzenhalter kennt die Situation, daß eine Katze sich einer frisch mit Futter gefüllten Schüssel nähert, daran schnuppert und dann davonstolziert, ohne einen Bissen zu nehmen. Es kommt nicht oft vor, aber wenn es passiert, ist es ziemlich irritierend. Aus welchem Grund sollte die Katze plötzlich ein Futter verweigern, das sie normalerweise mit Begeisterung verzehrt?

Ist die Katze womöglich krank? Vielleicht, aber meistens ist dies nicht der Fall, solange die Katze völlig gesund wirkt. Ist vielleicht das Futter schlecht? Möglich, aber auch das kann nicht immer die Ursache sein, weil gelegentlich auch Futter verweigert wird, das die Katze einige Stunden zuvor noch mit Begeisterung fraß. Einige Katzenfreunde haben beobachtet, daß zwei Portionen genau des gleichen Katzenfutters, die zu verschiedenen Zeiten am gleichen Tag gegeben wurden, unterschiedlich aufgenommen wurden – die erste Portion wurde voll Appetit verzehrt, die zweite rundheraus abgelehnt.

Wenn die Katze gesund und das Futter gut ist, kann es für das Verhalten der Katze verschiedene Erklärungen geben.

Eine davon ist, daß Katzen lieber häufig kleine als einige wenige voluminöse Mahlzeiten zu sich nehmen. In Anbetracht der Größe ihrer natürlichen Beutetiere – kleine Mäuse und Vögel – ist das nicht sonderlich überraschend. Leider haben die menschlichen Betreuer von Hauskatzen selten die Zeit, diesen Mahlzeiten im Mäuseformat anzubieten. Sie neigen deshalb dazu, ihrem Liebling einige Male am Tag große Portionen Katzenfutter in die Schüssel zu geben. Wenn Sie die Fleischmenge einer Maus mit dem Futterberg vergleichen, den Sie wahrscheinlich regelmäßig auf den Teller Ihrer Katze füllen, dann werden Sie feststellen, daß eine durchschnittliche Katzenmahlzeit dem Äquivalent von etwa fünf Mäusen entspricht. Obwohl diese Menge dem vielbeschäftigten Katzenfreund vielleicht angemessen erscheint, kann das arme Tier solche Quantitäten einfach nicht verkraften, es sei denn, die Katze wäre halb verhungert – was bei unseren verwöhnten Schmusekatzen nur selten der Fall ist. Im allgemeinen nimmt die Katze etwa Futter vom Volumen einer Maus zu sich. Dann zieht sie sich zurück, um die Nahrung zu verdauen, kehrt später zurück, um eine weitere derartige Portion zu verspeisen, und so geht es weiter, bis die ganze Futterschale leer ist.

Hat die Katze in dieser Weise ihre Futterschale geleert und weigert sich, weitere Nahrung zu sich zu nehmen, dann kann es sein, daß sie einen weiteren »Schnapp« noch nicht unterbringen kann. Katzen »wissen« in der Regel außerordentlich gut, welche Futtermengen für sie gut und richtig sind, und fettleibige Katzen sind daher wesentlich seltener als fettleibige Hunde (oder fettleibige Menschen). Deshalb kann es vorkommen, daß Katzen gelegentlich rebellieren, wenn sie sich überfüttert fühlen, und ihr Essen einfach unberührt lassen.

Aber es können auch andere Gründe für eine Nahrungsverweigerung vorliegen. Etliche Katzenfreunde haben beobachtet, daß die Tagesfutterration ihrer Lieblinge nicht immer gleich ist. An manchen Tagen beschließen Katzen offenbar urplötzlich, erheblich weniger als sonst zu fressen. Was mag nur dahinterstecken? Eine plausible Erklärung besagt, daß in solchen Fällen die Sexualität im Spiel ist. So lehnen beispielsweise rollige Katzenweibchen häufig jegliche Nahrungsaufnahme ab. Aber auch wenn das Wetter plötzlich heiß oder schwül wird, kommt es vor, daß Katzen unvermittelt ihre Nahrungsaufnahme reduzieren.

Eine andere Möglichkeit besteht darin, daß Ihre Katze, ohne daß Sie es wissen, noch woanders Futter erhält. Eine freundliche Nachbarin gibt ihr vielleicht einige Leckerbissen, wenn die umherstreifende Katze sie besucht. Wenn das Tier dann heimkommt, hat es keinen Appetit mehr. Oder es hat in Ihrer Nachbarschaft eine plötzliche und unerwartete Bevölkerungsexplosion unter den Mäusen gegeben, die bei Ihrer Hauskatze eine Art Jagd- und Tötungswut ausgelöst hat. Auch in diesem Fall wird ihr Appetit stark reduziert sein, und dem ahnungslosen Katzenfreund bleibt nichts weiter übrig, als einen Haufen abgestandenen Katzenfutters in den Mülleimer zu schütten.

Möglich, jedoch weniger wahrscheinlich ist, daß Ihre Katze den Platz, an dem ihre Futterschale steht, nicht mag. Katzen fressen nicht gerne an Plätzen, die sehr hell, sehr laut oder sehr unruhig sind. Sie verzehren ihre »Beute« lieber in einer ruhigen, schummerigen, ungestörten Ecke, fern von hektischem Betrieb. Füttert man sie an einem ungeeigneten Platz, so können sie plötzlich die Nahrung verweigern. Ist eine Katze ungewöhnlich ängstlich oder nervös, dann reagiert sie häufig auch besonders lärmempfindlich, und sie stolziert lieber schmollend davon, als sich zu einer guten Mahlzeit hinzuhocken. Ob sie in solchen Fällen ihr Futter frißt oder nicht, hängt nicht so sehr von der angebotenen Nahrung selbst ab als vielmehr von ihrer jeweiligen Stimmung.

Schließlich kann eine Katze, auch wenn alle erwähnten Faktoren keinen Einfluß haben, sich trotzdem immer noch von einem bestimmten Futter abwenden. Da ist dann ein angeborener »Futterwechsel-Mechanismus« am Werk. Er wurde zuerst bei Vögeln beobachtet, unter Samenessern, die von Zeit zu Zeit von einer Samensorte zu einer anderen überwechseln, obwohl der Nährwert der verschiedenen Samen ziemlich gleich ist. Stünde ihnen jedoch nur eine Sorte von Samen zur Verfügung und würden sie nur diese regelmäßig zu sich nehmen, blieben sie vollkommen gesund dabei. Denn eine einseitige Ernährung macht ihnen offensichtlich nichts aus. Haben sie jedoch die Wahl zwischen verschiedenen Samensorten, zeigen sich plötzlich wechselnde Vorlieben, auch wenn die Samen in ihrer chemischen Zusammensetzung weitgehend übereinstimmen. In der Natur liegt der Sinn dieses Mechanismus darin, daß er die Vögel davor bewahrt, vollkommen auf eine Futterart fixiert zu sein, so daß sie, wenn die eine bestimmte Samensorte plötzlich ausgeht, nicht zum Verhungern verurteilt sind. Bei freilebenden Katzen sorgt der entsprechende Mechanismus dafür, daß das Tier nicht völlig abhängig wird von einer bestimmten Beuteart. Bei domestizierten Katzen bewirkt er, daß die alte Standard-Diät plötzlich unattraktiv wird und eine neue Sorte Futter verlangt wird.

Aus Sicht mancher Katzenbesitzer sind diese wechselnden Ernährungsgewohnheiten unsinnig und lästig. Sollte die Katze aber einmal aus irgendeinem Grund von ihren ursprünglichen Besitzern getrennt werden, so kommt ihr diese Flexibilität zustatten, da es ihr nun leichter fällt, sich an eine neue Sorte Futter zu gewöhnen, wenn die Umstände sie dazu zwingen.

Eines sollte ich an dieser Stelle noch erwähnen. Wenn eine Katze immer eine absolut eintönige, aber vollwertige Kost vorgesetzt bekommt, tagein, tagaus dieselbe Sorte Fertigfutter etwa, wird sie sich nach einiger Zeit möglicherweise weigern, eine andere Art von Futter anzurühren, egal wie schmackhaft es sein mag. Wenn einer Katze aber von vornherein eine interessante und abwechslungsreiche Kost geboten wird, mit verschiedenen Sorten Fertigfutter und vielen zusätzlichen Leckerbissen, dann wird sie paradoxerweise von Zeit zu Zeit eine bisher akzeptierte Speise ablehnen. Auf den ersten Blick ergibt das keinen Sinn. Die Erklärung ist, daß der Futterwechsel-Mechanismus zu funktionieren aufhört, wenn das Tier über einen längeren Zeitraum hinweg eine absolut eintönige Kost erhält. Dies ist besonders dann der Fall, wenn die Katze seit frühester Jugend immer nur eine bestimmte Nahrung erhalten hat. Schließlich schaltet dieser Mechanismus sich ganz aus. Es entwickelt sich eine sogenannte »Neophobie«, eine Furcht vor allem Unbekannten und Neuen. Neue Gerüche und Geschmackssorten wirken nun bedrohlich. Neue Futtersorten werden abgelehnt. Für solche Katzen kann es zu einem echten Problem werden, wenn ihre starre Tagesroutine durchbrochen wird – etwa durch den plötzlichen Tod ihres langjährigen Besitzers. Katzen, die eine sehr abwechslungsreiche Kost erhalten, besitzen dagegen einen voll aktivierten Futterwechsel-Mechanismus, und zwar das ganze Leben hindurch, und werden deshalb auch immer anspruchsvoller und wählerischer. Mit anderen Worten, wenn man einer Katze keine Wahlmöglichkeit beim Futter gibt, verlangt sie bald nicht mehr danach, bietet man ihr aber viel Abwechslung, verlangt sie immer mehr.

WARUM TRINKEN KATZEN GERN SCHMUTZIGES WASSER?

Viele Katzenbesitzer haben schon zu ihrem Entsetzen bemerkt, daß ihre Hauskatzen eine Vorliebe dafür zu haben scheinen, im Garten Wasser aus Pfützen und Tümpeln zu trinken. Diese Katzen tun das selbst dann, wenn in der Küche eine saubere Schale mit reinem Leitungswasser für sie bereitsteht, vielleicht sogar Milch. Aus irgendeinem Grund verschmähen sie diese hygienischen Genüsse und trollen sich statt dessen zu einem stehenden Tümpel, um das schmutzige Wasser aufzuschlecken. Weshalb tun sie das?

Die besten Bücher über Katzen betonen immer wieder, daß Katzen stets Zugang zu frischem, sauberem Trinkwasser haben müssen, daß dieses Wasser regelmäßig erneuert werden muß und daß auch die Wasserschale regelmäßig gesäubert werden muß, um Infektionen und Ansteckungsgefahr zu verhindern. Aber diese Bücher lassen zwei Dinge außer acht. Frisches Leitungswasser ist im allgemeinen durch chemische Zusätze belastet und oft stark chloriert, so daß es häufig nach Chemikalien riecht. Das empfindet die Katze als störend. Noch ärger ist es, wenn die Wasserschale mit einem modernen Spülmittel ausgewaschen wurde. Das ist schon schlimm genug bei Futterschalen, aber da überlagert der starke Duft von Fisch oder Fleisch noch den unangenehmen Geruch des Spülmittels. Beim Trinkwasser aber kommt der »Duft« des Spülmittels zu dem ohnehin unangenehmen Geruch des chemisch behandelten Wassers hinzu, mit dem Ergebnis, daß die Katze nur dann davon trinkt, wenn ihr keine andere Wahl bleibt. Das abgestandene Wasser in Pfützen und Tümpeln draußen ist da viel attraktiver. Mögen auch noch so viele Mikroben und verrottete Pflanzenteile darin sein, es ist natürlich und organisch und gibt dem Wasser ein für die Katze angenehmes Aroma.

Veröffentlichungen von Tiermedizinern, die sehr eindringlich vor dem Risiko der »Verbreitung von Krankheiten« warnen, die auftreten, wenn man seiner Katze erlaubt, Wasser aus Pfützen und Tümpeln zu trinken, geben Anlaß zu der Frage, wie wilde Tiere es eigentlich fertigbringen, gesund zu bleiben. Tatsächlich ist das Risiko eher gering. Man braucht es aber gar nicht einzugehen, wenn man sich die Mühe macht, alle Rückstände chemischer Mittel gründlich von der Katzenschale abzuspülen. Da Katzen im allgemeinen noch viel empfindlicher auf Chemikalien reagieren als wir Menschen, muß man ihr Geschirr viel sorgfältiger spülen als anderes. Auch sollte frisches Leitungswasser eine Zeitlang abstehen, bevor man es der Katze anbietet, damit die Chemikalien sich verflüchtigen können. Dann wird Ihre empfindsame Katze vielleicht geruhen, ihre Zunge in das saubere Wasser zu tauchen, das Sie ihr vorsetzen.

Für die Flüssigkeitsversorgung Ihrer Katze ist es im übrigen wesentlich, daß Sie ihr niemals anstelle von Wasser nur Milch anbieten. Wenn Sie ihr Milch vorsetzen, sollten Sie stets gleichzeitig Wasser reichen, so daß die Katze die Wahl hat. Entgegen der vorherrschenden Meinung verabscheuen viele erwachsene Katzen Milch regelrecht, und sie ist keineswegs lebenswichtig für eine Katze. Bei einigen Unterarten, besonders bei siamesischen Katzen, kann Milch sogar eine Magenverstimmung hervorrufen, und wenn man ihnen Milch gibt, ohne als Alternative Wasser anzubieten, bekommen sie leicht Durchfall.

WELCHE SUBSTANZEN SIND FÜR KATZEN GIFTIG?

Abgesehen von den bekannten Giften, reagieren Katzen empfindlich auf eine Reihe von Substanzen, denen sie im täglichen Leben begegnen können. Es handelt sich dabei fast ausschließlich um moderne Chemikalien, die wir gedankenlos im Umfeld unserer Katzen aufbewahren. In unserem Drang, die ganze Welt zu säubern und unter unsere Kontrolle zu bringen, haben wir diese Welt für Katzen unwissentlich vergiftet.

Die schlimmsten Übeltäter sind die Desinfektionsmittel und die Pestizide. Vielleicht ist ihre Anwendung unvermeidlich, aber wir sollten hin und wieder auch an unsere Katzen denken, wenn wir solche Mittel benutzen. Andernfalls werden unsere Haustiere früher oder später unter unserer Unachtsamkeit zu leiden haben. Das betrifft sowohl den Gebrauch dieser Mittel innerhalb als auch außerhalb des Hauses, im Garten oder auf freiem Feld. Nicht nur wilde Tiere leiden unter dem technologischen Fortschritt der modernen Landwirtschaft.

Eine der größten Gefahrenquellen für Katzen, die frei umherstreifen, sind Ratten- und Mäusevertilgungsmittel. Viele Leute verwenden ständig eine Vielzahl von Mäuse- und Rattengiften, ohne daran zu denken, daß die anfängliche Wirkung der Gifte darin besteht, die Nagetiere schwerfälliger zu machen, so daß sie eine um so leichtere Beute für eine hungrige Katze werden. Mit anderen Worten, die vergiftete Maus landet mit relativ großer Wahrscheinlichkeit im Magen der Katze. Im Körper der Maus befindet sich jedoch noch immer das Gift, das sie zu einer so leichten Beute hat werden lassen, und kann der armen Katze schwere Schäden zufügen. Nachdem sie die Maus verzehrt hat, fängt die betreffende Katze dann wahrscheinlich an, sich zu erbrechen, sie hat Schaum vor dem Mund und taumelt in völliger Verwirrung umher. Ihr Herzschlag beschleunigt sich oder schwächt sich ab, ihre Atmung geht schwer und mühsam; sie kann aber auch Krämpfe bekommen oder anfangen zu bluten. Wenn der kleine Nager, den sie verzehrt hat, eine starke Giftdosis erwischt hat, kann die Katze sogar sterben.

Eine weitere Gefahr rührt von allen möglichen Haushaltspulvern und Gartensprays her, die heutzutage – beispielsweise bei der Rasenpflege – exzessiv angewendet werden. Katzen, die sich ins Gras legen, werden deshalb häufig von Unkrautvernichtungsmitteln geradezu durchtränkt, jedenfalls ihr Fell, und wenn sie sich dann sorgfältig putzen, nehmen sie dieses Gift selbstverständlich in den Körper auf. Im Inneren des Hauses können die zahlreichen chemischen Insektizide, Desinfektionsmittel und Sprays zur Möbelreinigung das Fell der Katze vergiften, wenn das Tier sich auf den Boden oder auf eine andere Unterlage legt. Auch in diesem Fall ist es wieder die außerordentliche Sauberkeit der Katze, die sie dazu treibt, das Fell gründlich mit der Zunge zu reinigen, wodurch dann diese Chemikalien in ihren Körper geschleust werden. Kleine Spuren davon mögen nicht allzuviel Schaden anrichten, aber wenn die Hygiene zu einer fanatischen Verfolgungsjagd gegen Insekten, Mikroben und Schmutz ausartet, ist die Katze wirklich in Gefahr.

Wir begehen immer wieder den Fehler anzunehmen, wenn etwas für uns harmlos und segensreich ist, so müsse das gleich automatisch auch für Katzen gelten. Einige Mittel gegen Schmerzen, die wir benutzen – selbst so »harmlose« und allgemein übliche wie z. B. Aspirin –, können der Katze schaden. Wenn wir die Katze in der Weise vermenschlichen, daß wir anfangen, ihr für den Menschen bestimmte Medikamente zu verabreichen, können wir sie krank machen, anstatt ihr, wie es eigentlich unsere Absicht ist, etwas Gutes zu tun. Wenn eine Katze krank ist, sollten wir stets den Rat des Tierarztes einholen.

Gelegentlich, etwa zu Weihnachten oder bei einer ausgelassenen Party, kommt irgend jemand plötzlich auf die Idee, daß es doch lustig wäre, der Hauskatze auch das Vergnügen zu gönnen und ihr einen Schuß Alkohol in die Milch zu gießen. Die meisten Katzen weigern sich glücklicherweise, bei derartigen Gelagen mitzuhalten, aber diejenigen, die dazu bereit sind, müssen umgehend dafür büßen. Schon unser menschliches Verdauungssystem hat Probleme mit der Verarbeitung von Produkten wie Alkohol, aber wir sind ziemlich unverwüstlich und haben außerdem Übung darin, die vielen dubiosen Dinge, die wir unserem Organismus zumuten, zu entgiften. Das Verdauungssystem der Katze ist in dieser Hinsicht entschieden weniger trainiert und daher unfähig, die gefährlichen Bestandteile, die sie mit der Nahrung aufnimmt, so zu verarbeiten, daß diese unschädlich werden. Deshalb stellt bereits die kleinste Alkoholmenge für die Katze eine echte Gefahr dar. Häufig beginnen Katzen unter Alkoholeinwirkung sich zu übergeben, sie brechen zusammen und fallen vielleicht sogar in ein Koma. Für Hauskatzen ist Nüchternheit daher ein selbstverständliches Muß.

Schließlich ist noch ein natürlicher Giftstoff zu erwähnen, der einer unerfahrenen Katze arg zusetzen kann. Die Jungkatze, die im Frühling in den Garten kommt, ist begeistert, dort ein Beutetier zu entdecken, das seltsamerweise ganz leicht zu fangen ist. Die gewöhnliche Kröte hopst schwerfällig umher und ist unfähig, sich mit einem plötzlichen Satz in Sicherheit zu bringen. Die Katze ist fasziniert von diesem verlockenden Anblick, stürzt sich auf das Beutetier und schlägt ihre Zähne hinein. Einen Augenblick später befindet sich die Katze in akuten Schwierigkeiten. Ihr Maul wird rot und schwillt an. Sie fängt an zu würgen und zu geifern. Und wieder einmal hat die Katze eine der Weisheiten des Lebens gelernt: Versuche niemals, eine Kröte zu töten.

Die bescheidene Kröte, die so langsam und so schwerfällig ist, daß sie wie eine leichte Beute aller räuberischen Säugetiere und Vögel wirkt, hat schon Millionen von Jahren überdauert, weil es ihr gelungen

ist, ein besonders wirksames Gift zu produzieren, das unter dem Namen Bufotalin bekannt ist. Es ist in den großen Warzen enthalten, die die Oberfläche der Krötenhaut bedecken. Diese Warzen stellen für den Menschen keine Gefahr dar, weil sie die giftige Flüssigkeit nur dann ausscheiden, wenn die Kröte verletzt wird. Wenn die Kröte jedoch von einer Katze oder von einem anderen unvorsichtigen Raubtier gebissen wird, sickert aus den Warzen Gift in die weit offenstehenden Mundhöhle des Angreifers. Die Kröte wird deshalb unverzüglich wieder losgelassen und entkommt – mit nicht mehr als ein paar kleinen Fleischwunden, wenn sie Glück hat. Die beiden größten Warzen der Kröte befinden sich zu beiden Seiten ihres dickhäutigen Nackens – und das ist natürlich haargenau die Stelle, in die normalerweise Katzen ihre Fänge schlagen, wenn sie den Tötungsbiß anbringen. Tatsächlich sind diese beiden Warzen so groß, daß sie wie hinter den Augen des Tieres plazierte längliche Schwellungen aussehen, und sie sind mit Poren bedeckt, durch die das Gift sickert. Wenn man bedenkt, daß 20 Milligramm dieses Giftes schon reichen, um einen Hund zu töten, und daß eine Katze ähnlich anfällig darauf reagiert, wird klar, daß die Substanz eine ernsthafte Bedrohung für eine unvorsichtige Katze darstellt.

Glücklicherweise lernen die meisten Katzen, sobald sie einmal einer Kröte begegnet sind, rasch, daß das seltsame Tier schlecht schmeckt, lassen deshalb die Amphibie nach einem leichten Biß sofort wieder los und begehen den gleichen Fehler nie wieder. Nur die wirklich wilden Jäger unter ihnen, die ihre Fänge schon bei der ersten Begegnung mit der Kröte tief in deren Nacken schlagen, werden ein schweres Trauma davontragen oder sogar den Tod erleiden.

Abschließend noch eine Warnung vor Frostschutzmitteln: Katzen lieben den Geschmack dieser für sie gefährlichen Substanzen. Wenn Ihre Katze Zugang zur Garage hat, wo jemand das Kühlsystem seines Autos zu Beginn des Winters mit einem Frostschutzmittel aufgefüllt hat, so entdeckt das Tier dort möglicherweise eine kleine Pfütze dieses Mittels auf dem Boden. Wenn Ihre Katze auch nur ein wenig davon aufschleckt, kann das Äthylenglykol irreversible Nierenschäden verursachen. Die Katze kann sogar in ein tiefes Koma fallen. Das Problem ist allerdings, daß solche Pfützen sich im allgemeinen unter dem Wagen bilden, wo man sie einerseits nur selten entdeckt und andererseits schwer hingelangt, so daß es passieren kann, daß sie nicht rechtzeitig aufgewischt werden.

WARUM REAGIEREN KATZEN SO STARK AUF KATZENMINZE?

Kurz gesagt, weil sie geborene Junkies sind. Die Katzenminze, eine Pflanze aus der Familie der Minzgewächse, enthält ein Öl namens *Hepetalactone,* das auf manche Katzen eine ähnliche Wirkung hat wie Marihuana auf einige Menschen. Wenn Katzen diese Pflanze in einem Garten finden, machen sie einen etwa zehnminütigen Trip, bei dem sie vor Ekstase fast auszuflippen scheinen. Das ist jetzt eine ziemlich am Menschen orientierte Interpretation, denn davon, was im Kopf der Katze wirklich vor sich geht, haben wir keine Ahnung. Aber wer die starke Reaktion auf Katzenminze einmal beobachtet hat, weiß, daß das Tier wie unter Drogen oder in Trance versetzt wirkt. Die Reaktion gibt es bei allen Katzenarten – sogar Löwen –, nicht aber bei jeder Katze. Es gibt viele, die nicht »auf den Trip gehen«, und man weiß, daß dies genetisch bedingt ist. Katzen werden entweder als Junkies geboren oder nicht. Die jeweilige Kondition hat damit nichts zu tun. Auch junge Katzen verschmähen es übrigens, sich »high« zu machen. In den beiden ersten Monaten ihres Lebens meiden sie Katzenminze, die »positive« Reaktion darauf tritt erst auf, wenn sie mindestens drei Monate alt sind. Danach bilden sich zwei Gruppen heraus – eine, die Katzenminze nicht länger aktiv meidet, sie jedoch einfach ignoriert und wie jede andere Pflanze im Garten behandelt; und die andere, die wild wird, sobald sie damit in Berührung kommt. Das Verhältnis der beiden Gruppen zueinander beträgt etwa 50 zu 50, mit einem kleinen Überhang zur positiv reagierenden Gruppe.

Die positive Reaktion geht in etwa so vor sich: Die Katze nähert sich der Katzenminze und schnüffelt daran, dann fängt sie mit wachsender Verzückung an, daran zu lecken, hineinzubeißen, darauf herumzukauen, wiederholt Wange und Kinn daran zu reiben, den Kopf zu schütteln, sich mit dem ganzen Körper daran zu reiben, laut zu schnurren, zu brummen, zu mauzen, sich herumzurollen und sogar Luftsprünge zu vollführen. Auch Sauberlecken und Kratzen der Pflanze wird manchmal beobachtet. Selbst die reserviertesten Katzen scheinen total enthemmt zu werden durch die chemischen Bestandteile der Katzenminze und ihre Wirkung.

Das Hinundherrollen am Boden, das man bei diesem tranceähnlichen Zustand beobachten kann, ähnelt den Körperbewegungen der weiblichen Katze in Hitze. Deshalb wurde angenommen, daß Katzenminze so etwas wie ein Aphrodisiakum für Katzen ist. Das ist allerdings nicht besonders überzeugend, weil unter den 50 Prozent der Katzen, die auf Katzenminze reagieren, sowohl Männchen als auch Weibchen sind, sowohl geschlechtlich intakte Tiere als auch kastrierte und sterilisierte. Es scheint sich also nicht um einen »Sex-Trip« zu handeln, sondern eher um einen Drogen-Trip, der ähnlich ekstatische Zustände hervorruft, wie sie auf dem Höhepunkt sexueller Aktivitäten auftreten.

Katzen-Junkies sind glücklich. Anders als viele Drogen bei uns Menschen verursacht Katzenminze keine dauerhaften Schäden, und nach dem zehnminütigen Koller verhält die Katze sich wieder völlig normal, ohne jedes Anzeichen einer krankhaften Veränderung.

Katzenminze (*Nepeta cataria*) ist nicht die einzige Pflanze, die bei Katzen diese seltsame Reaktion hervorruft. Baldrian (*Valeriana officinalis*) bewirkt das gleiche, und es gibt noch verschiedene andere Pflanzen, die auf Katzen eine starke Wirkung ausüben. Die erstaunlichste Entdeckung in diesem Zusammenhang, die überhaupt keinen Sinn zu ergeben scheint, ist die, daß Katzenminze oder Baldrian, wenn sie Katzen zum Einnehmen verordnet werden, beruhigend wirken. Wieso sie Aufputscher sein können bei äußerer Anwendung und Tranquilizer bei innerer, bleibt ein Rätsel.

WIESO HAT EINE KATZE NEUN LEBEN?

Die Unverwüstlichkeit und Zähigkeit der Katze legten die Idee nahe, daß sie mehr als nur ein Leben haben müßte, aber der Grund dafür, daß man ihr ausgerechnet neun Leben nachsagte und nicht irgendeine beliebige andere Anzahl, hat die Menschen oft vor ein Rätsel gestellt. Die Antwort ist allerdings ziemlich einfach. In alten Zeiten hielt man die Neun für eine besondere Glückszahl, weil sie die »Trinität der Trinitäten« ist und deshalb für die »glückliche« Katze ganz besonders geeignet.

WARUM »SCHNATTERT« EINE KATZE, WENN SIE DURCHS FENSTER EINEN VOGEL SIEHT?

NICHT JEDER KATZENBESITZER HAT SCHON einmal diese seltsame Sache beobachtet, aber sie ist so merkwürdig, daß jeder, der sie einmal gesehen hat, sie nie wieder vergißt. Die Katze sitzt auf dem Fensterbrett, entdeckt einen kleinen Vogel, der zufällig draußen herumhüpft, und starrt ihn wie gebannt an. Und währenddessen beginnen durch eine Bewegung der Kiefer die Zähne zu klappern, was verschiedentlich beschrieben wurde als eine Art zitterndes Zähnerasseln. Eine dem Starrkrampf ähnliche Reaktion, die wie ein frustriertes Klappern der Kiefer wirkt, das in einem mechanischen Stakkato fortgesetzt wird. Was hat das zu bedeuten?

Es handelt sich um eine sogenannte Leerlauf-Handlung. Die Katze vollführt ihren hochspezialisierten Tötungsbiß, als hätte sie den unglücklichen Vogel bereits zwischen den Kiefern. Sorgfältige Untersuchungen über die Art und Weise, in der Katzen ihre Beute töten, haben ergeben, daß eine ganze besondere Kieferbewegung notwendig ist, um einen schnellen Tod herbeizuführen. Dies ist wichtig für eine Raubkatze, weil selbst das furchtsamste Beutetier noch entkommen kann, auch wenn es bereits gefangen war. So ist es lebenswichtig für die Katze, jedes Risiko zu vermeiden und möglichst herabzusetzen, damit sie nicht selber vom scharfen Schnabel eines Vogels oder von den kräftigen Zähnen eines Nagetiers verletzt wird. Deshalb heißt es keine Zeit verlieren. Nach dem Initialsprung, bei dem das Beutetier mit den starken Krallen der Vorderpfoten gepackt wird, beugt sich die Katze rasch herunter und zielt mit ihren langen Reißzähnen auf das Genick des Opfers. Mit einer schnellen, schnatternden Bewegung der Kiefer schlägt sie die Reißzähne in den Nacken und läßt sie zwischen den Wirbeln eindringen, um das Rückenmark zu durchtrennen. Dieser Tötungsbiß setzt das Beutetier augenblicklich außer Gefecht, und es ist ein Manifestwerden jener speziellen Bewegung, die die frustrierte, durchs Fenster starrende Katze beim aufreizenden Anblick eines leckeren kleinen Vogels draußen nicht zurückzuhalten in der Lage ist.

Übrigens wird dieser Tötungsbiß erleichtert durch eine bestimmte Einschnürung im Körperumriß des Beutetiers – ein Einschnitt, der die Stelle kennzeichnet, die den Kopf vom Körper trennt, und zwar bei kleinen Vögeln ebenso wie bei kleinen Nagetieren. Einige Beutetiere haben eine Abwehrtechnik entwickelt, die darin besteht, daß sie einen Buckel machen, um diese Stelle zu verbergen. Wenn der Trick funktioniert, kann die Katze vielleicht ihr Opfer durch einen Biß verletzen, aber das führt nicht unmittelbar zum Tode, und in seltenen Fällen gelingt es dem Beutetier dann noch, sich in Sicherheit zu bringen, nämlich in dem Augenblick, in dem die Katze sich kurz ausruht in der Meinung, daß sie ihrem Opfer bereits den »Todesstoß« versetzt hätte.

WARUM DREHT EINE KATZE IHREN KOPF VON EINER SEITE ZUR ANDEREN, WENN SIE IHRE BEUTE ANSTARRT?

WENN EINE KATZE SICH DARAUF vorbereitet, ihre Beute anzuspringen, schwingt sie manchmal den Kopf rhythmisch von einer Seite zur anderen. Das ist ein Kunstgriff, den viele Raubtiere mit binokularer Sehweise anwenden. Mit dem Hinundherdrehen des Kopfes versuchen sie, die Entfernung zum Beutetier möglichst genau abzuschätzen. Wenn Sie Ihren Kopf langsam von einer Seite zur anderen drehen, werden Sie merken, daß ein Objekt, je näher es Ihnen ist, sich desto mehr durch diese seitliche Kopfbewegung verschiebt. Mit Hilfe dieses Phänomens überprüft die Katze ihre Einschätzung der Entfernung, denn wenn sie schließlich den plötzlichen Satz nach vorn macht, muß er auf den Punkt genau stimmen – oder die Sache geht daneben.

WARUM SPIELT EINE KATZE MANCHMAL MIT DEM BEUTETIER, BEVOR SIE ES TÖTET?

Entsetzte Katzenbesitzer haben schon oft einen regelrechten Schock erlitten, wenn sie ihre Lieblingskatze dabei ertappten, wie sie offensichtlich eine Maus oder einen kleinen Vogel quälte. Anstatt die Beute mit dem Tötungsbiß, den die Katze perfekt beherrscht, zu erlösen, frönt sie einem grausamen Spiel von »Antippen und verfolgen« oder »Fangen und wieder laufenlassen«, in dessen Folge das schreckerstarrte Opfer tatsächlich am Schock sterben kann, noch ehe es endlich durch einen »Gnadenstoß« erlöst wird. Warum tut die Katze das, wenn sie doch eine so perfekte »Tötungsmaschine« ist?

Ich muß vorausschicken, daß dieses Verhalten an wilden Katzen nicht zu beobachten ist. Es ist vielmehr eine Handlungsweise einer gutgefütterten Hauskatze, die nach Jagdaktivitäten geradezu giert – aufgrund der »hygienischen« Verhältnisse, unter denen sie jetzt lebt –, saubere Vorstädte und gepflegte Dörfer, in denen der Ausbreitung von Nagetieren schon seit längerer Zeit durch Gift und menschliche Kammerjäger ein Riegel vorgeschoben ist. Für eine solche Katze ist der zufällige Fang einer kleinen Feldmaus oder eines kleinen Vogels ein großes Ereignis. Sie kann es nicht über sich bringen, der Jagd ein Ende zu bereiten, sondern verlängert sie so lange wie nur möglich, bis das Beutetier stirbt. Der Jagdtrieb ist unabhängig vom Freßtrieb, wie jeder Katzenbesitzer weiß, dessen Katze, unmittelbar nachdem sie ihr Bäuchlein mit Dosenfutter gefüllt hat, einen Vogel auf dem Rasen jagt. Und so wie der Hunger ohne Nahrung wächst, so wächst der Jagdtrieb ohne Zugang zu irgendeiner Beute. Die Hauskatze zeigt eine typische Überreaktion, und das Beutetier muß deswegen einen langsamen Tod erleiden.

Wenn das so ist, sollte man annehmen, daß freilebende Katzen in ihrem harten Daseinskampf und Bauernkatzen, die zum Zweck des Mäuse- und Rattenfangens gehalten werden, mit ihren halbtoten Beutetieren sich nicht solchen Spielen hingeben. Meistens kommt das auch tatsächlich nicht vor, aber einige Beobachter haben entdeckt, daß weibliche Bauernkatzen es hin und wieder doch tun. Dafür gibt es aber eine besondere Erklärung. Als Katzenmutter gehört es zu ihren Aufgaben, lebende Beutetiere zum Nest zu bringen, um ihren Jungen in einem bestimmten Stadium ihrer Entwicklung den Tötungsbiß beizubringen. Diese mütterliche Verpflichtung wird verantwortlich gemacht für einen gewissen Hang der weiblichen Katze, mit der Beute zu spielen, und zwar auch dann, wenn sie nicht ausgehungert ist auf ein Jagderlebnis.

Es gibt noch eine andere Erklärung für dieses scheinbar so grausame Verhalten. Wenn Katzen Ratten angreifen, sind sie immer ziemlich nervös, weil ihre Opfer sich kräftig zu wehren wissen. Eine große Ratte kann einer Katze einen bösen Biß versetzen und muß deshalb überwältigt werden, bevor überhaupt der Versuch unternommen werden kann, den Tötungsbiß anzubringen. Das macht die Katze mit blitzschnellen Pfotenschlägen bei ausgestreckten Krallen. Mit einer Folge schnell verabreichter Tatzenschwinger dieser Art kann die Katze die Ratte hierhin und dorthin prügeln, bis diese benommen und halb betäubt ist. Erst dann riskiert es die Katze, sich mit dem Kopf nahe genug heranzuwagen, um den Tötungsbiß anzubringen. Manchmal kommt es vor, daß eine Katze eine kleine Maus so behandelt, als sei sie eine furchteinflößende Ratte, und anfängt, sie mit den Pfoten zu schlagen, anstatt sie ins Genick zu beißen.

Das unverhältnismäßig wilde »Ohrfeigen« führt bei der Maus schnell dazu, daß das winzige Tier hin und her fliegt. Wenn eine Katze sich so verhält, mag es den Anschein haben, als spiele sie mit der Beute, aber hierbei handelt es sich um etwas grundsätzlich anderes als beim spielerischen »Fangen und wieder laufenlassen« und sollte damit nicht verwechselt werden. Während sie spielt, hält die Katze den Biß absichtlich zurück, um die Jagd zu verlängern. Im anderen Fall des Verprügelns und Verfolgens zeigt die Katze einfach eine Überreaktion gegenüber der möglichen Gefahr, die von den Zähnen des Beutetiers droht. Es mag wie ein grausames Spiel aussehen, aber in Wirklichkeit handelt es sich um das Verhalten einer Katze, die sich ihrer selbst nicht ganz sicher ist. Selbst wenn das Beutetier schon fast oder ganz tot ist, kann eine solche Katze noch damit fortfahren, den Körper des Opfers herumzuschleudern, wobei sie ihn angestrengt beobachtet, um zu sehen, ob es da noch irgendeinen Hinweis auf Vergeltungsmaßnahmen gibt. Erst nachdem sie längere Zeit so mit ihrem Opfer umgegangen ist, wird die Katze zu der Entscheidung gelangen, daß sie nun ohne Gefahr den Tötungsbiß anbringen und die Beute verzehren kann. Eine erfahrene Jagdkatze, die ständig im Einsatz ist, reagiert niemals so, aber eine verzärtelte Hauskatze, die etwas »eingerostet« ist, was die Technik des schnellen Tötens angeht, mag vielleicht diesen sicheren Weg vorziehen.

WIE GEHT EINE KATZE MIT IHRER SELBSTGEFANGENEN NAHRUNG UM?

Unmittelbar nach der Tötung unternimmt die Katze einen kleinen Spaziergang, eine seltsame Routinehandlung, an der sie festhält. Vorausgesetzt, daß sie nicht fast umkommt vor Hunger, spaziert sie eine Weile hin und her, als ob sie die Notwendigkeit verspürte, die Spannung der Jagd-und-Tötungs-Sequenz abzubauen. Erst dann setzt sie sich hin, um das Beutetier zu verzehren. Diese Pause mag für die anschließende Verdauung der Katze von Bedeutung sein, indem sie dem Verdauungstrakt die Möglichkeit gibt, sich nach dem Adrenalinstoß der gerade vergangenen Minuten zu beruhigen. Während dieser Pause kann ein Beutetier, das seinen Tod nur vorgetäuscht hat, versuchen zu entkommen, und bei sehr seltenen Gelegenheiten hat es damit auch Erfolg, bevor die Katze wieder in Jagdstimmung gerät.

Wenn die Katze sich schließlich dem Beutetier wieder nähert, um es zu verspeisen, stellt sich das Problem, wie sie vorgehen soll, um es leicht hinunterschlingen zu können. Kleine Nagetiere bereiten ihr keine Schwierigkeiten. Sie werden vom Kopf her aufgefressen, und falls das Fell mitgeschluckt wird, wird es später wieder erbrochen. Manche Katzen sondern Gallenblase und Darm säuberlich aus und lassen sie übrig, aber andere sind zu hungrig, um darauf zu achten, und schlingen das ganze Tier problemlos herunter.

Bei Vögeln sieht die Sache wegen der Federn schon anders aus, aber auch hier werden die kleineren Exemplare ganz verschlungen, mit Ausnahme der Schwanz- und Flügelfedern. Vögel von der Größe einer Drossel oder Amsel werden vor dem Verspeisen ein wenig gerupft, aber dann fängt die Katze auch schon ungeduldig mit der Mahlzeit an. Nach einer Weile hört sie auf, um noch ein paar Federn zu entfernen, bevor sie weiterfuttert.

Größere Vögel erfordern jedoch ein sorgfältiges Rupfen, und wenn es einer Katze gelungen ist, eine Taube oder einen noch größeren Vogel zu töten, muß sie das Federkleid entfernen, bevor sie anfangen kann zu fressen.

Um eine Taube zu rupfen, muß die Katze zuerst mit den Vorderbeinen den Vogelkörper herunterdrücken, dann ein Federbüschel mit den Zähnen packen, den Kopf mit den fest zusammengepreßten Kiefern mit einer gewissen Kraftanstrengung hochreißen und schließlich das Maul öffnen und den Kopf heftig von einer Seite zur anderen schütteln, um die ausgerupften Federn wieder loszuwerden. Während sie so den Kopf schüttelt, spuckt sie heftig und macht mit der Zunge ganz bestimmte Bewegungen, indem sie nach außen hin leckt und dabei versucht, die Mundhöhle von widerspenstig haftenden Federn zu säubern. Dabei legt sie von Zeit zu Zeit eine Pause ein und leckt sich inzwischen die Flanken. Hierbei handelt es sich um eine Umkehrung der üblichen Fellpflege. Normalerweise reinigt die Zunge das Fell, aber hier reinigt das Fell die Zunge. Auch die letzten Überreste werden entfernt, dann kann die nächste Rupfaktion stattfinden.

Der Antrieb dazu, die Federn eines großen Vogels zu rupfen, scheint angeboren zu sein. Ich habe einmal einer Wildkatze, die in einem Zoo im Käfig lebte und ständig große Fleischbrocken als Nahrung bekam, eine tote Taube gebracht. Die Katze war so aufgeregt, als sie einen voll befiederten Vogel sah, daß sie mit einer geradezu ekstatischen Rupforgie begann, die sie so lange fortführte, bis der gesamte Vogelkörper vollständig nackt war. Anstatt sich dann aber hinzusetzen, um zu fressen, richtete die Katze ihre Aufmerksamkeit auf das Gras um sie herum und begann es büschelweise auszurupfen. Immer von neuem rupfte sie die Grasbüschel aus dem Boden und schleuderte sie so lange mit den charakteristischen Bewegungen des Vogelrupfens beiseite, bis ihr vermutlich lange frustrierter Trieb, ihre Nahrung vorzubereiten, erschöpft war und die Katze sich endlich wieder der Taube zuwandte und mit ihrer Mahlzeit begann. Ganz offensichtlich unterliegt das Rupfen einer eigenen Motivation, die – genau wie andere, bekanntere Triebe – durch die Gefangenschaft frustriert werden kann.

Der seltsamste Aspekt beim Federnrupfen ist der, daß Katzen in Europa es in anderer Weise ausführen als in Amerika. Alle europäischen Arten vollführen beim Rupfen eine Zickzackbewegung, die mit dem beschriebenen Kopfschütteln durchgeführt wird, während die nord- und südamerikanischen Katzen die Federn mit einer langen vertikalen Bewegung ausziehen, und zwar in gerader Linie. Es sieht also ganz danach aus, daß trotz der großen Ähnlichkeit, die zwischen den Kleinkatzen auf beiden Seiten des Atlantiks besteht, sie doch zwei ganz unterschiedlichen Gruppen angehören.

WIE ERFOLGREICH IST EINE KATZE BEI DER BEKÄMPFUNG SOGENANNTER SCHÄDLINGE?

Bevor die Katze dazu ausersehen wurde, Gefährte und Haustier wohlgesonnener Menschen zu sein, basierte die Beziehung zwischen Mensch und Katze auf der Fähigkeit des Tieres, Schädlinge zu vernichten. Seit die Menschheit angefangen hat, Getreidevorratshaltung zu betreiben, hatte die Katze ihr Teil dazu beigetragen, und sie tat es mit großem Erfolg.

Vor nicht allzu langer Zeit glaubte man, der beste Weg, Bauernkatzen dazu zu bewegen, Ratten und andere Nagetiere zu töten, bestünde darin, die Jagdkatzen so hungrig wie möglich zu halten. Das mag außerordentlich einleuchtend erscheinen, ist aber falsch. Hungrige Bauernkatzen nehmen ein riesiges Jagdgebiet in Anspruch auf der Suche nach Nahrung und töten weniger Schädlinge auf dem Bauernhof selbst. Katzen, die dagegen vom Bauern gefüttert werden, bleiben in der Nähe und vernichten daher mehr Schädlinge auf dem Hof selbst. Die Tatsache, daß sie gefüttert werden und nicht besonders hungrig sind, wirkt sich nicht darauf aus, wie viele Beutetiere sie täglich töten, weil der Jagdtrieb unabhängig ist vom Nahrungstrieb. Katzen jagen, um zu jagen. Als dies eines Tages der bäuerlichen Bevölkerung klar wurde, gelang es ihr, die Katzen mehr in der Nähe des Hofes zu halten und den Schaden, den die Nager ihren Vorräten zufügten, zu reduzieren. Eine kleine Gruppe gut betreuter Bauernkatzen kann jedes Anwachsen der Nagetierpopulation in Schach halten. Vor dem Eingreifen der Katzen war es dagegen nicht möglich, die Plage der Nager mit Erfolg einzudämmen.

Einem verbürgten Bericht zufolge ist der absolute Weltmeister unter den Mäusefängern ein getigerter Kater gewesen, der in einer Fabrik in Lancashire lebte, wo er während seines ungewöhnlich langen Lebens von insgesamt 23 Jahren mehr als 22 000 Mäuse erlegte. Das sind etwa drei am Tag, was einer Tagesration einer Hauskatze entspricht, die von ihren Haltern ein »Zubrot« bekommt. Bei weitem übertroffen wird diese Leistung aber vom Weltmeister unter den Rattenfängern.

Diese Ehre gebührt einer weiblichen getigerten Katze, die sich ihre Verpflegung im White-City-Stadion beschaffte. In einem Zeitraum von nur sechs Jahren fing sie nicht weniger als 12 480 Ratten, was einem täglichen Ertrag von fünf oder sechs Ratten gleichkommt. Das ist eine bemerkenswerte Leistung, und es ist aus diesem Grund leicht einzusehen, weshalb die alten Ägypter sich die Mühe machten, Katzen zu domestizieren, und weshalb die Tötung einer Katze von ihnen mit dem Tode bestraft wurde.

WARUM BRINGEN KATZEN IHREN BESITZERN OFT FRISCH GEFANGENE BEUTETIERE?

Weil sie ihre Besitzer als hoffnungslos unfähige Jäger ansehen. Obwohl die Katze normalerweise zu Menschen als zu ihren Pseudo- oder Adoptiveltern aufblickt, betrachtet sie sie in dieser Hinsicht als ihre Familie, mit anderen Worten, als ihre Jungen. Wenn kleine Kätzchen nicht wissen, wie sie Mäuse und Vögel fangen und fressen sollen, muß die Katzenmutter es ihnen zeigen. Katzen, die Beutetiere heimbringen und ihren Besitzern als Geschenk anbieten, sind meist auch sterilisierte Weibchen. Nicht in der Lage, diese Taten für ihren eigenen Nachwuchs durchzuführen, adressieren sie sie nun an ihre menschlichen Gefährten.

Der in dieser Weise beschenkte Mensch schreckt häufig entsetzt und ärgerlich zurück, insbesondere dann, wenn das kleine Nagetier oder der kleine Vogel noch halb lebendig ist und um sein Leben kämpft. Die Katze ist ob dieser unverständlichen Reaktion völlig ratlos. Für ihre großzügige Geste gescholten, erscheint ihr menschlicher Freund ihr wieder einmal absolut rätselhaft. Die richtige Reaktion bestünde darin, die Katze für ihre mütterliche Großzügigkeit zu loben, ihr das Beutetier mit vielen Komplimenten und Streicheleinheiten abzunehmen und schleunigst verschwinden zu lassen.

Unter natürlichen Bedingungen bringt eine Katzenmutter ihrem Wurf schrittweise das Fangen von Beutetieren bei. Wenn die Kleinen etwa sieben Wochen alt sind, tötet sie ihre Beutetiere zwar an Ort und Stelle, doch anstatt sie gleich zu verzehren, bringt sie sie zu ihren Jungen. Dort fängt sie an, das getötete Tier zu fressen, und läßt die Jungen dabei zuschauen. Die nächste Phase besteht darin, daß sie wiederum die tote Beute mitbringt, aber mit ihr spielt, bevor sie sie verzehrt, so daß ihre Katzenjungen beobachten können, wie sie das Beutetier mit den Pfoten schlägt und packt.

Die dritte Phase schließlich beinhaltet, daß sie den Jungen das Beutetier zum Fressen überläßt. Aber noch immer ist die Mutter nicht bereit zu riskieren, den Jungen ein lebendiges oder selbst ein halbtotes Tier zu bringen, weil es sie leicht beißen oder angreifen könnte, wenn sie nicht damit rechnen.

Das tut sie erst, wenn die Kleinen schon ein wenig älter sind, und dann tötet sie zunächst selber das Beutetier vor deren Augen. Sie schauen aufmerksam zu und lernen dabei. Unter Umständen werden sie die Mutterkatze dann schon bei der Jagd begleiten und versuchen, selber ein Beutetier zu erlegen.

WARUM VERGRÄBT EINE KATZE IHREN KOT?

Diese Eigenart wird immer als Zeichen einer geradezu peinlichen Sauberkeit der Katze gewertet. Besitzern von Hunden, die ja nicht so reinlich sind, wird dies von Katzenbesitzern oft und gern vorgehalten – als Beweis für die Überlegenheit der Katze über den Hund. Aber diese beliebte Interpretation des Verscharrens von Kot und Harn als Zeichen für die Hygieneansprüche der Katze hält näheren Untersuchungen nicht stand.

Tatsache ist, daß Katzen ihren Unrat vergraben, um eine Ausbreitung des Geruchs zu verhindern oder doch wenigstens zu verringern. Das Vergraben des Kots ist typisch für eine untergeordnete Katze, die um ihren sozialen Status fürchten muß. Der Beweis dafür wurde erbracht, als das Zusammenleben freilebender Katzen näher untersucht wurde. Man stellte fest, daß dominierende Kater, statt ihren Unrat zu vergraben, ihn im Gegenteil geradezu »an die große Glocke hängen«, indem sie ihn auf kleine Bodenerhebungen plazieren oder auf andere höher gelegene Geländepunkte, von wo aus der Geruch weithin verströmen und zu maximaler Wirkung gelangen kann. Nur die schwächeren, untergeordneten Katzen verbergen ihren Kot. Die Tatsache, daß unsere Hauskatzen in der Regel ein so sorgfältiges Ritual des Vergrabens beibehalten, läßt darauf schließen, in welchem Maße sie uns (und vielleicht auch noch andere Katzen in der Nachbarschaft) als dominierend empfinden. Das ist eigentlich gar nicht so überraschend.

Wir sind physisch stärker als sie und beherrschen vollständig das Allerwichtigste im Katzenleben: die regelmäßige Versorgung mit Futter. Unsere Überlegenheit besteht von der Zeit ihrer Kindheit an und wird niemals ernstlich in Zweifel gestellt.

Sogar Großkatzen wie Löwen können zeit ihres Lebens von ihren freundlichen Besitzern in dieser untergeordneten Rolle gehalten werden, deshalb ist es kaum verwunderlich, daß die kleinen domestizierten Katzen fortwährend von uns abhängig bleiben und deshalb stets bestrebt sind, ihren Kot zu verscharren.

Das Vergraben von Kot und Harn schaltet natürlich das Geruchssignal nicht völlig aus, aber es wird doch drastisch reduziert. Auf diese Weise kann die Katze weiterhin ihre Anwesenheit durch Geruchsmarkierung verkünden, ohne daß es gleich als eine ernsthafte Herausforderung verstanden wird.

WELCHE GERÜCHE STOSSEN KATZEN AB?

Der durch chemische Zusätze bewirkte Geruch des heutigen Leitungswassers kann eine Katze davon abhalten, aus ihrer Wasserschale zu trinken, aber er ist nicht so stark, daß er die Katze aus der Küche vertreibt, in der die Schale steht. Gerüche, die penetrant genug sind, um Katzen zum vollen Rückzug zu bewegen, sind verhältnismäßig selten. Daraus ergibt sich ein Problem, wenn man aus diesen oder jenen Gründen ein Mittel sucht, das geeignet wäre, Katzen von etwas abzuschrecken. Wenn eine Katze es sich zum Beispiel zur Gewohnheit gemacht hat, am Polster eines wertvollen Sessels zu kratzen oder Unrat auf einem teuren Teppich zu plazieren, so wäre es schon eine große Hilfe, wenn man einen dem Tier verhaßten Geruch auf die betreffende Stelle sprühen oder reiben könnte, um es von dieser Stelle fernzuhalten. Aber was kommt für diesen Zweck in Frage?

Blicken wir einmal auf die lange Geschichte der domestizierten Katze zurück und auf die zahllosen Versuche, Duftstoffe zu finden, die das Tier abschrecken können, so zeigt sich, daß nur drei Substanzen bisher wirklich Erfolg gebracht haben: zunächst das aus den zerriebenen Blättern der Gartenraute, eines kleinen, stark duftenden Busches, gewonnene Öl. Schon im 1. Jahrhundert n. Chr. hat der römische Autor Plinius d. Ä. in seiner monumentalen Naturgeschichte empfohlen, daß man Zweige dieses Strauches um Gegenstände legen soll, von dem man Katzen fernhalten will. Der gleiche Rat wurde 1200 Jahre später, im Mittelalter, von einem Experten für Kräutergärten wiederholt: »Es empfiehlt sich, am Rande der Rasenfläche eine große Vielfalt von medizinischen und aromatischen Kräutern wachsen zu lassen, unter die wegen ihrer Schönheit und ihrer grünen Blätter vielerorts die Gartenraute gemischt werden sollte, die durch ihre Bitterkeit auch giftige Tiere aus dem Garten vertreibt.« Einige moderne Gärtner berichten, daß der Kontakt mit den Blättern dieser Pflanze bei empfindlicher Haut einen Ausschlag mit Bläschen hervorruft, deshalb ist sie offensichtlich mit Vorsicht zu behandeln. Aber es besteht eine gute Chance, daß das Öl der Gartenraute sich in den meisten Fällen als wirksames Abschreckungsmittel gegen unliebsamen Katzenbesuch erweist. Aus irgendwelchen Gründen scheint diese alte Volksweisheit seit langem in Vergessenheit geraten zu sein, aber es ist gewiß der Mühe wert, sich daran zu erinnern, wenn die üblichen Mittel versagt haben.

Eine zweite, weniger aufwendige Abschreckungsmöglichkeit ist die Anwendung von Zwiebelsaft. Manchmal kann man eine Katze von einem Ort fernhalten, indem man mit einer rohen Zwiebel über die Stelle reibt, die geschützt werden soll. Zwar ist der Geruch auch für uns Menschen oft zunächst unangenehm, in der Regel bemerkt man ihn jedoch schon bald nicht mehr. Die meisten Katzen aber empfinden diesen Geruch noch lange als abstoßend, auch wenn die menschlichen Benutzer des Raums ihn bereits vergessen haben.

Das wirkungsvollste Abschreckungsmittel aber ist einfacher Haushaltsessig. Katzen können den Geruch nicht ausstehen. Das Säurearoma irritiert ihre sensiblen Nasengänge, und sie meiden lange Zeit alles, was zuvor mit Essig besprüht wurde. Abgesehen von speziell zur Abschreckung von Katzen hergestellten Sprays, die Sie in Ihrer örtlichen Zoohandlung kaufen können, ist Essig das beste verfügbare Mittel, um Katzen von etwas fernzuhalten.

Ich sollte an dieser Stelle allerdings noch hinzufügen, daß Katzen dickköpfige Tiere sind und oft einen solchen Krieg mit chemischen Mitteln als eine Art Herausforderung betrachten. Ihre erste Reaktion besteht im allgemeinen darin, den Schauplatz ihrer Aktivitäten zu verlegen. Wenn dieser Versuch fehlschlägt, so gelingt es ihnen bisweilen sogar, nach einer Weile ihren Abscheu vor gewissen Substanzen zu überwinden, und dann muß man die Taktik ändern. Letztlich ist es jedoch immer am besten, den Ursachen des unerwünschten Verhaltens der Katze durch Verstand und Intelligenz auf die Spur zu kommen und auf die Anwendung übelriechender Chemikalien zu verzichten. Wenn es Ihnen gelingt, die tieferen Ursachen für die unerwünschten Aktivitäten der Katze zu analysieren, dann wird es in vielen Fällen möglich sein, eine psychologisch begründete Lösung zu finden, die auf längere Sicht immer den größeren Erfolg zeitigen wird.

Anmerkung: Nach Beendigung dieses Buches habe ich einen Ableger der Gartenraute auftreiben und ihre Wirkung an meiner eigenen Katze testen können. Dabei zeigte sich: Wenn ich die Blätter auf den Teppich legte, so empfand meine Katze den Geruch als anziehend und schnupperte daran. Als ich aber die Blätter zwischen meinen Fingern zerrieb und der Katze dann meine Fingerspitzen zum Abschnuppern hinhielt, war ihre Reaktion dramatisch. Sie näherte sich mit ihrer Nase meiner Hand, sprang dann zurück, öffnete das Maul und versuchte, sich zu erbrechen. Danach stolzierte sie fort und weigerte sich, in meine Nähe zu kommen. Ich wusch mir die Hände und versuchte, mich wieder mit ihr zu versöhnen, aber als ich sie streicheln wollte, fauchte sie mich an. Zehn Minuten später miaute sie, als ich mich ihr näherte, aber es dauerte noch Stunden, bis sie mir verziehen hatte und mich nicht mehr wie ein wandelndes Abschreckungsmittel für Katzen behandelte.

WARUM FRESSEN KATZEN GRAS?

Die meisten Katzenbesitzer haben schon beobachtet, wie ihre Katzen manchmal zu einem Büschel langer Grashalme im Garten laufen und anfangen, daran zu kauen und zu beißen. Katzen, die in Wohnungen ohne Zugang zu einem Garten leben, in dem sie herumstreifen können, verursachen bekanntlich häufig beachtliche Schäden an Zierpflanzen in dem verzweifelten Versuch, einen Grasersatz zu finden. In manchen Fällen haben solche Katzen sich sogar selber Schaden zugefügt dadurch, daß sie an giftige Zimmerpflanzen gingen.

Viele Katzenexperten haben sich schon über dieses Verhalten Gedanken gemacht, und einige haben offen zugegeben, daß sie keine Erklärung dafür wissen. Andere haben eine Vielfalt verschiedener Antworten angeboten. Viele Jahre lang hielt man es für am einleuchtendsten, daß Katzen Gras als eine Art Abführmittel brauchen, das ihnen hilft, lästige Haarballen, die sich in ihren Därmen festgesetzt haben, leichter auf natürlichem Wege wieder herauszubefördern. Eine naheliegende Erklärung war ebenfalls, daß sie Gras fressen, um dadurch die Haarballen erbrechen zu können. Diese Überlegung basiert auf der Beobachtung, daß Katzen sich manchmal übergeben, wenn sie Gras zu sich genommen haben. Aber man übersah dabei, daß einer Katze vielleicht ohnehin schlecht war und sie deshalb den Wunsch verspürte, Gras zu fressen und das Grasfressen selbst also nicht schuld an dem Erbrechen war.

Eine weniger populäre Erklärung besagt, daß das Gras der Katze im Falle einer Halsentzündung oder Magenverstimmung hilft. Einige Katzenforscher gingen einfach über das Thema hinweg mit der Bemerkung, es handele sich dabei lediglich um eine Anreicherung der Nahrung mit Ballaststoffen.

Keine dieser Erklärungen ist sehr überzeugend. Die Menge an Gras, die tatsächlich verzehrt wird, ist außerordentlich gering. Wenn man Katzen dabei beobachtet, wie sie an langen Grashalmen herumkauen, gewinnt man den Eindruck, daß sie nur ein wenig Saft aus den Blättern und Stengeln aufnehmen. Jedenfalls kommt das der Sache sehr viel näher, als daß sie eine nennenswerte Menge davon als Zusatz- und Ballaststoffe zu sich nähmen.

Die neueste – und zugleich wahrscheinlichste – Erklärung ist, daß Katzen Gras kauen, um winzige Mengen einer chemischen Substanz aufzunehmen, die sie bei ihrer Fleischkost nicht erhalten und die für ihre Gesundheit unentbehrlich ist. Es handelt sich um das wasserlösliche Vitamin Folsäure, das für Katzen lebensnotwendig ist, weil es eine entscheidende Rolle bei der Produktion von Hämoglobin spielt. Leidet eine Katze unter Folsäuremangel, so wird ihr Wachstum beeinträchtigt, und sie kann ernsthaft anämisch werden. Katzenbesitzer, deren Tiere keinen Zugang zu irgendwelchen Grasflächen besitzen, lösen das Problem manchmal, indem sie Grassamen in einer Schale ansetzen und in ihrer Wohnung ein Rasenstück züchten.

Allerdings muß gesagt werden, daß Katzen, mögen sie auch die pflanzliche Ernährung zur Fleischkost benötigen, in erster Linie und vor allem Karnivoren, Fleischfresser, sind und als solche behandelt werden müssen. Gegenwärtige Versuche von durchaus gutmeinenden Vegetariern, ihre Katzen auf fleischfreie Kost umzustellen, sind ein grausamer Irrtum. Katzen werden bei einer vegetarischen Diät rasch ernstlich krank und können bei dieser Ernährungsweise nicht lange überleben. Eine vor kurzem erschienene Veröffentlichung vegetarischer Rezepte, die als für Katzen geeignet empfohlen werden, ist ein klarer Fall von Tierquälerei und sollte auch als solche gewertet werden.

WARUM VERWENDET EINE KATZE SOVIEL ZEIT DARAUF, IHR FELL ZU PUTZEN?

Die naheliegende Antwort ist, um sich sauberzuhalten. Aber Fellpflege bedeutet viel mehr als nur das. Zusätzlich zur Reinigung von Staub und Schmutz oder den Resten der letzten Mahlzeit hilft das wiederholte Schlecken, das Fell geschmeidig zu halten, damit seine isolierende Wirkung nicht verlorengeht. Ein zerzauster Pelz ist ein schlechter Schutz und kann bei kaltem Wetter zu einer ernsten Bedrohung für die Gesundheit der Katze werden.

Kälte ist aber nicht das einzige Problem. Im Sommer neigen Katzen leicht zu Überhitzung, und die Fellpflege bekommt dann eine ganz spezielle Bedeutung. Katzen besitzen nämlich – im Gegensatz zu uns – keine über den Körper verteilten Schweißdrüsen, deshalb können sie nicht einfach ins Schwitzen geraten, um sich rasch wieder abzukühlen. Hecheln nützt zwar etwas, reicht aber allein nicht aus. Sie helfen sich daher damit, sich fortwährend das Fell zu lecken und dabei soviel Speichel wie möglich abzusondern. Die Verdunstung des Speichels hat dann die gleiche Wirkung wie die Verdunstung von Schweiß auf unserer Haut.

Wenn Katzen in der Sonne liegen, verstärken sie ihre Fellpflege noch um einen weiteren Faktor. Das fleißige Lecken in dieser Situation geschieht nicht nur, wie man annehmen könnte, weil ihnen heiß ist, sondern vor allem auch, weil Sonnenstrahlen auf ihrem Fell das essentielle Vitamin D erzeugen. Und während sie mit der Zunge über ihr sonnenwarmes Fell gleiten, holen sie sich diese wichtige Zutat zu ihrer täglichen Kost.

Fellpflege wird auch dann betrieben, wenn Katzen sich aufregen. Man nennt das Verdrängungs-Putzen und nimmt an, daß es ihnen hilft, die intensiven Spannungen abzubauen, zu denen es bei bestimmten Begegnungen im Leben einer Katze kommen kann. Wenn wir uns in einem Konflikt befinden, kratzen wir uns häufig am Kopf. Eine Katze leckt sich unter solchen Bedingungen ihr Fell.

Jeder Katzenbesitzer, der seine Katze gerade im Arm gehalten und geknuddelt hat, kennt gewiß die Reaktion des Tieres, sobald es aus dem menschlichen Kontakt entlassen wird: Die Katze schlendert fort, setzt sich hin und fängt fast immer sogleich an, sich zu putzen. Das geschieht zum Teil deshalb, weil sie ihr zerzaustes Fell glätten muß, aber es gibt auch noch einen anderen Grund dafür. Sie haben der Katze, während Sie sie angefaßt haben, Ihren eigenen Geruch mitgegeben und zu einem gewissen Grad den Eigengeruch der Katze damit überdeckt. Das Lecken des Fells stellt wieder ein Gleichgewicht her: Es schwächt Ihren Geruch ab und verstärkt den Eigengeruch der Katze auf ihrer Körperoberfläche. Unser Leben wird im wesentlichen von visuellen Signalen beherrscht, in der Welt der Katze aber sind Gerüche und Düfte von sehr viel größerer Bedeutung. Ein Übermaß an menschlichem Duft auf ihrem Fell ist ein Störfaktor, der umgehend korrigiert werden muß. Das Putzen des Fells, nachdem Sie es angefaßt haben, kann aber auch bedeuten, daß die Katze es genießt, Sie zu »schmecken« und die Signale zu lesen, die Sie ihr mit dem Duft Ihrer Schweißdrüsen vermittelt haben. *Wir* mögen unfähig sein, den Schweißgeruch unserer Hände zu riechen, aber die Katze kann es.

Schließlich spielt das heftige Zerren am Fell, das so typisch ist für die Fellpflege der Katze, eine besondere Rolle bei der Stimulierung der Hautdrüsen an der Wurzel jedes einzelnen Härchens. Die Sekretion dieser Drüsen ist absolut lebenswichtig, um das Fell wasserdicht zu halten, und die Arbeit der fleißigen Katzenzunge steigert die Wasserfestigkeit als Schutz gegen den Regen.

Deshalb bedeutet Fellpflege viel mehr als bloße Säuberung. Wenn eine Katze sich das Fell leckt, schützt sie sich damit nicht nur vor Schmutz und Krankheit, sondern gleichzeitig vor Kälte, Überhitzung, Vitaminmangel, sozialer Spannung, Fremdgerüchen und davor, bis auf die Haut durchnäßt zu werden. Kein Wunder, daß sie soviel Zeit ihres täglichen Wachzustandes dieser Tätigkeit widmet.

Eine Gefahr liegt allerdings in dieser Aktivität. Im Fellwechsel befindliche Katzen und solche mit sehr langem Haar befördern dabei rasch eine große Menge Haar in ihren Verdauungstrakt, wo es Haarballen bildet, die Verstopfungen verursachen können. Normalerweise werden diese Haarballen erbrochen und richten keinerlei Schaden an, aber wenn sie zu groß werden, können sie zu einer ernsthaften Gefahr werden. Nervöse Katzen, die häufig mit Verdrängungs-Putzen beschäftigt sind, leiden ebenfalls darunter. Um dieses Problem zu lösen, heißt es, die Ursache ihrer ständigen Erregung herauszufinden und zu beseitigen. Bei Katzen im Fellwechsel und bei Tieren mit besonders langem Haar hilft als Vorbeugung meistens, daß der Katzenbesitzer regelmäßig Fellpflege mit Kamm und Bürste betreibt, um die ausfallenden Haare zu entfernen.

Die Eigenpflege des Fells beginnt, wenn ein Kätzchen etwa drei Wochen alt ist, aber vom Augenblick der Geburt an kümmert sich die Katzenmutter um sein Fell. Wird das Fell einer Katze von einer anderen geleckt, spricht man von »Fremdpflege« im Gegensatz zur Eigenpflege. Fremdpflege ist nicht nur zwischen Mutter und Jungen üblich, sondern auch zwischen erwachsenen Katzen, die zusammen aufgewachsen sind und eine enge soziale Bindung aufgebaut haben. Sie dient in erster Linie weniger der gegenseitigen Hygiene als der Festigung des freundschaftlichen Verhältnisses, das zwischen den beiden Tieren besteht. Aber unabhängig davon hat das Putzen einer Körperregion, die für die Katze selbst schwer zu erreichen ist, eine ganz besondere Wirkung auf das Tier. Dementsprechend lieben es Katzen sehr, sich gegenseitig hin-

ter den Ohren zu lecken. Aus diesem Grunde ist auch das Streicheln und Reiben hinter den Ohren eine so beliebte Art des Kontaktes zwischen Katzenbesitzern und ihren Lieblingen.

Die Eigenpflege folgt häufig einem ganz bestimmten Ritual, wenn die Katze eine lückenlose Körpersäuberung erreichen will. Die typische Reihenfolge sieht so aus:

1. Lecken der Lippen.
2. Schlecken einer Pfotenseite, bis sie naß ist.
3. Reiben der nassen Pfote über den Kopf einschließlich Ohr, Auge, Wange und Kinn.
4. Befeuchten der anderen Pfote in der gleichen Weise.
5. Reiben der nassen Pfote über die andere Kopfseite.
6. Schlecken der Vorderbeine und Schultern.
7. Putzen der Flanken.
8. Schlecken der Genitalien.
9. Putzen der Hinterbeine.
10. Schlecken des Schwanzes von der Basis bis zur Spitze.

Wenn in irgendeinem Stadium dieses Prozesses ein Hindernis entdeckt wird – z. B. ein kleines Fellknäuel –, so wird das Putzen vorübergehend zugunsten eines lokal begrenzten Knabberns mit den Zähnen unterbrochen. Wenn dann alles wieder in Ordnung gebracht und geglättet ist, wird die ursprüngliche Putzfolge wieder aufgenommen. Besonders häufig tritt dieses Knabbern an Füßen und Krallen auf, um Schmutz zu entfernen, der sich dort festgesetzt hat, und die Kondition der Krallen zu überprüfen.

Mit diesem komplizierten Reinigungsritual unterscheiden sich Katzen von den meisten anderen Säugetieren. Ratten und Mäuse z. B. benutzen die ganzen Vorderpfoten, um ihren Kopf zu putzen, während die Katze nur die eine Seite der Pfote und einen Teil des Vorderarms gebraucht. Auch sitzen Nagetiere aufrecht auf ihren Hinterbeinen und putzen sich gleichzeitig mit beiden Vorderpfoten, während die Technik der Feliden darin besteht, beide Vorderpfoten abwechselnd in Tätigkeit zu setzen, während der Körper auf derjenigen ruht, die gerade nicht benötigt wird.

Menschliche Beobachter scheinen nur selten solche Unterschiede wahrzunehmen. Sie bemerken nur allgemein, daß ein Tier sich eifrig putzt. Tatsächlich zeigen genauere Untersuchungen, daß jede Tierart eine ganz eigene charakteristische und recht komplexe Abfolge von Einzelaktionen absolviert.

WIE VIELE VERSCHIEDENE ARTEN VON FELLHAAR HAT DIE KATZE?

Eine Wildkatze besitzt vier verschiedene Arten von Behaarung: Unterwolle, Grannenhaare, Deckhaare und Vibrissae oder Tasthaare. Auf einen Quadratmillimeter kommen etwa zweihundert Haare, was der Katze einen prächtigen Pelz verleiht, der sie selbst gegen die strengste Nachtluft schützen kann.

Die *Unterwolle* ist der Haut am nächsten, und ihre Hauptaufgabe besteht darin, das Tier vor Kälte zu schützen und seine lebenswichtige Körpertemperatur konstant zu halten. Hier findet man die kürzesten, dünnsten und weichsten Haare. Sie besitzen auf ihrer ganzen Länge etwa den gleichen Durchmesser, sind jedoch nicht glatt, sondern weisen viele kleine Wellen auf, was ihnen unter dem Vergrößerungsglas ein gekräuseltes oder gewelltes Aussehen gibt. Die weiche und gelockte Beschaffenheit dieser Unterwolle oder dieses Unterfells verleiht ihm seine ausgezeichneten wärmehaltenden Eigenschaften.

Die *Grannenhaare* bilden das mittlere Fell. Sie liegen in der Mitte zwischen der weichen Unterwolle und den Deckhaaren des oberen Fells. Ihre Funktion ist es, zu isolieren und zu schützen. Sie sind rauh und werden zur Spitze hin erst etwas voller, bevor sie am Ende spitz zulaufen. Einige Fachleute unterteilen sie in drei verschiedene Typen – die unteren Grannenhaare, die Grannenhaare und die Deckgrannenhaare –, aber diese subtilen Unterscheidungen sind nicht sehr ergiebig und nutzvoll.

Die *Deckhaare* bilden das schützende Oberfell. Sie sind die längsten und dicksten Körperhaare und dienen dazu, das Unterfell vor äußeren Einflüssen zu schützen, es trocken und angenehm warm zu halten. Diese Haare sind glatt und der Länge nach gleichmäßig zur Spitze hin verjüngt.

Die *Vibrissae* sind sehr viel längere und härtere Haare, die als sensible Tastorgane arbeiten. Diese »Tasthaare« bilden den Schnurrbart auf der Oberlippe der Katze, weiter findet man sie auf den Wangen, am Kinn, über den Augen und an den Gelenken der Vorderpfoten. Im Vergleich mit anderen Haartypen gibt es von diesen nur sehr wenige, aber sie spielen eine lebenswichtige Rolle, wenn die Katze bei schlechten Lichtverhältnissen auf Erkundungsgang ist oder jagt.

Von den drei Haartypen des Fellkleides der Wildkatze sind die Haare der Unterwolle am zahlreichsten. Auf je tausend Haare des Unterfells kommen nur etwa dreihundert Grannenhaare und zwanzig Deckhaare. Aber diese Relation kann bei den verschiedenen Zuchtkatzenrassen erheblich variieren. Das liegt daran, daß die Zuchtweibchen sorgfältig nach ihrer speziellen Fellart ausgewählt werden. So ist das Fell der Katze je nach Rasse entweder fein und dünn, kurz und rauh oder auch lang und flauschig. Diese Unterschiede sind auf die Überbetonung oder die systematische Reduktion der verschiedenen Haartypen durch die Züchtungen zurückzuführen.

Langhaarzuchten zum Beispiel haben exzessiv lange Deckhaare, die bis zu 13 Zentimeter lang werden können, sowie sehr stark verlängerte Unterfellhaare, aber keine Grannenhaare. Einige Kurzhaarzuchten haben Deckhaare, die weniger als fünf Zentimeter lang sind, spärliche Grannenhaare und keine Unterwolle. Drahthaarkatzen haben alle drei Typen von Fellhaaren, aber alle sind kurz und gekräuselt. Die außergewöhnliche Cornish Rex hat keine Deckhaare und nur sehr kurze, gekräuselte Grannen- und Unterfellhaare. Die Devon Rex weist alle drei Typen von Körperhaaren auf, aber sie sind sämtlich auf die Beschaffenheit der Unterwolle reduziert. Der geradezu exotischen Nacktkatze – die auch kanadische Sphinx genannt wird – fehlen die Deck- und Grannenhaare gänzlich, sie besitzt nur einen weichen Flaum von Unterwolle an den Extremitäten.

Geradezu verheerend haben die selektiven Zuchten dem natürlichen Fellbewuchs der Katze mitgespielt und dabei Katzentypen hervorgebracht, die heute in der freien Natur keinerlei Überlebenschancen hätten. Einige würden unter der Kälte leiden, andere unter der Hitze, wieder andere würden einen stark verfilzten und verknäuelten Pelz bekommen, wenn ihr Fell nicht täglich von Menschen gepflegt wird. Zum Glück für diese Zuchtkatzen haben sie im allgemeinen viele menschliche »Sklaven« um sich herum, die für ihre Bedürfnisse und ihre Bequemlichkeit sorgen, und wenn das Schlimmste passieren sollte und die Tiere gezwungen wären, als streunende Katzen für sich selbst zu sorgen, so würde bald ein tiefgreifender Wandel eintreten. Die ersten Generationen würden noch unter den jeweiligen klimatischen Bedingungen leiden; falls es ihnen jedoch gelänge, zu überleben und sich fortzupflanzen, so bestünde die Chance, daß ihr Nachwuchs infolge der unvermeidlichen Gen-Mischung, wie sie in den Kolonien streunender Katzen an der Tagesordnung ist, bereits nach einigen Generationen wieder einen normalen Fellbewuchs aufweisen würde.

WARUM LECKT EINE KATZE SICH DAS GESICHT, AUCH WENN ES GAR NICHT SCHMUTZIG IST?

Ein kurzes Lecken mit der Zunge über die Lippen ist ein Zeichen dafür, daß die Katze gleichzeitig von etwas fasziniert oder beunruhigt ist. Während sie den Blick fest auf die Quelle ihrer Aufregung richtet, scheint die Katze gleichzeitig plötzlich eine unerklärliche und dringende Notwendigkeit zu verspüren, sich die Nase oder das Fell in dieser Gegend zu putzen. Aber da ist kein Stäubchen zu entdecken. Die Säuberung ist nicht funktional bedingt und folgt auch nicht dem üblichen Muster, das man nach der Fütterung oder während einer normalen »Waschaktion« beobachten kann. Das Lecken erfolgt mit einer kurzen und scharfen Bewegung – ein schneller Zungenschlag –, der sich nicht in der üblichen Weise zu einer gründlichen Putzaktion entwickelt. Es ist bei Katzen eine Art Pendant zu der menschlichen Reaktion, sich am Kopf zu kratzen, wenn etwas Verblüffendes oder Irritierendes geschieht.

Solche Reaktionen werden als Ersatzhandlungen bezeichnet. Bei der Katze treten sie auf, wenn sie in einen inneren Konflikt gerät. Irgend etwas stört sie, erregt aber gleichzeitig ihre Neugier, stößt sie also gleichzeitig ab und zieht sie an. Sie sitzt da, möchte einerseits weglaufen und andererseits dableiben. Sie starrt das an, was sie irritiert, und da sie den Konflikt nicht zu lösen vermag, äußert sich ihre Erregung durch eine triviale, abgekürzte Handlung, etwas, das sie aus der Sackgasse, in der sie sich befindet, herausführen soll. Reaktionen dieser Art sind von Tierart zu Tierart verschieden. Einige Tiere knabbern oder beißen an ihren Pfoten, andere kratzen sich mit der Hinterpfote am Ohr. Vögel wetzen die Schnäbel an einem Ast. Schimpansen kratzen sich an den Armen oder am Knie. Aber alle Katzenartigen reagieren vornehmlich mit diesem leckenden Zungenschlag.

Es gibt eine einfache Möglichkeit, das zu testen. Katzen mögen keine hohen, vibrierenden Töne, aber sie sind interessiert an allem, was solche Geräusche hervorbringt. Wenn man eine Münze auf den Zähnen eines Kamms hin und her bewegt, entsteht ein solches Geräusch. Fast jede Katze starrt auf den Kamm in Ihrer Hand, wenn Sie auf diese Weise Geräusche produzieren, und fängt dann nach wenigen Sekunden an, sich die Lippen zu belecken. Wenn das Geräusch anhält, wird das Tier eventuell zu der Entscheidung gelangen, daß es genug davon hat, aufstehen und gehen. Erstaunlicherweise funktioniert das bei voll ausgewachsenen Löwen genauso wie bei der kleinen Tabbykatze. Manchmal zeigt sich statt Lippenlecken ein heftiges Niesen, manchmal auch ein starkes Gähnen – beides offenbar alternative Ersatzhandlungen von Feliden, die aber seltener vorkommen als das Lippenlecken.

Weshalb Katzen Vibrationsgeräusche dieser Art so irritieren, ist ein Geheimnis; möglicherweise haben sie im Laufe der Evolution mit giftigen Tieren zu tun gehabt, die derartige Geräusche produzierten – Tiere, die als Beute nicht in Frage kamen. Ein naheliegendes Beispiel, das einem da in den Sinn kommt, ist das Rasseln der Klapperschlange. Katzen besitzen vielleicht eine automatische Alarmvorrichtung gegenüber solchen Tieren, und das mag der Grund dafür sein, daß sie gleichzeitig beunruhigt und fasziniert sind.

WIE GROSS IST DAS TERRITORIUM EINER KATZE?

Das ungezähmte Gegenstück zur domestizierten Katze, die Wildkatze, hat ein riesiges Territorium; manche Wildkater kontrollieren bis zu 175 Morgen Land. Hauskatzen, die verwildert sind und in abgelegenen Gebieten leben, wo unbegrenzt Platz ist, decken gleichfalls eindrucksvoll große Flächen ab. Bauernkatzen beanspruchen fast ebensoviel Raum, die Kater durchstreifen ein Gebiet von über 150 Morgen. Weibliche Bauernkatzen sind bescheidener, sie beanspruchen im Durchschnitt nur etwa 15 Morgen Land. In Städten, Ortschaften und Vorstädten ist die Überbevölkerung unter den Katzen fast ebensogroß wie unter den Menschen. Das Territorium der Stadtkatzen schrumpft zu einem Bruchteil dessen zusammen, an dem ihre ländlichen Vettern sich erfreuen. Man schätzt, daß in London wildlebende Katzen z. B. pro Kopf nur etwa ein Fünftel eines Morgens beanspruchen können. Verwöhnte Stubenkatzen, die im Haus ihrer Besitzer leben, sind in ihrem Bewegungsspielraum im Freien noch mehr eingeschränkt, da dieser abhängig ist von der Größe des Gartens, der zum Haus gehört. Die maximale Beschränkung, die festgestellt wurde, beträgt für eine Stadtkatze ein Fünfzigstel eines Morgens.

Diese Variationsbreite in bezug auf die Größe von Territorien zeigt, wie flexibel Katzen sind. Wie Menschen können sie sich einer massiven Einschränkung ihrer häuslichen Umgebung anpassen, ohne übermäßig darunter zu leiden. Die Tatsache, daß das Sozialverhalten zahlreicher Katzen auf engem Raum weder chaotische noch bösartige Züge annimmt, ist ein Beweis für die gesellschaftliche Toleranz der Katzen. In gewisser Weise ist das überraschend, weil wir Menschen oft von der Geselligkeit der Hunde sprechen, aber gleichzeitig meist betonen, daß Katzen viel stärkere Einzelgänger und von Haus aus ungesellig sind. Das mag stimmen, solange sie freie Wahl haben. Wenn sie aber vor die schwierige Aufgabe gestellt sind, hautnah mit anderen Katzen zusammenzuleben, werden sie damit bemerkenswert gut fertig.

Sie bewältigen das Problem, sich auch bei großer Enge miteinander zu vertragen, auf ganz unterschiedliche Weise. Der wichtigste Faktor ist der, daß ihre Eigentümer für das nötige Futter sorgen. Das enthebt sie der Notwendigkeit, täglich ausgedehnte Jagdausflüge zu unternehmen. Der Wunsch, solche Ausflüge zu machen, wird dadurch nicht verdrängt – auch eine gut gefütterte Katze bleibt immer ein Raubtier –, aber die unerbittliche Zielstrebigkeit, die einem leeren Magen entspringt, wird erheblich reduziert. Wenn diese Katzen feststellen, daß sie versehentlich in ein benachbartes Territorium eingedrungen sind, können sie ohne weiteres die Jagd aufgeben, ohne zu verhungern. Wenn die Beschränkung ihrer Jagdaktivitäten auf den eigenen, arg eingeengten Bereich sie zu erfolglosen Jägern macht, mag das Frustration erzeugen, aber es führt nicht zu Hunger und Tod. Es ist nachgewiesen worden, daß die städtischen Territorien der Katzen um so kleiner werden, je mehr Futter sie von ihren Besitzern bekommen.

Ein anderer Faktor, der ihnen zu Hilfe kommt, ist die Art und Weise, in der ihre menschlichen Besitzer ihre eigenen Territorien unterteilen – mit Zäunen, Hecken und Mauern, um ihre Gärten einzugrenzen. Das verschafft den Katzen natürlich Grenzlinien, die leicht zu kontrollieren und zu verteidigen sind. Zusätzlich gibt es noch einen gewissen erlaubten Grad von Überschneidungen verschiedener Katzenterritorien. Weibliche Tiere haben oft Spezialbereiche, in denen mehrere Territorien einander überlappen und wo sie sich gewissermaßen auf neutralem Boden treffen können. Die Territorien der Kater, die immer etwa zehnmal so groß sind wie die der Weibchen, überschneiden sich noch weit mehr. Jedes Männchen streift in seinem Territorium herum, das verschiedene Territorien der Weibchen umfaßt, was es in die Lage versetzt, ständig genau darüber informiert zu sein, welches Weibchen zu welchem Zeitpunkt gerade in Hitze ist. Das Überlappen der Gebiete ist deshalb erlaubt, weil Katzen in der Regel fähig sind, sich gegenseitig auszuweichen, wenn sie einzelne Kontrollpunkte auf ihren Landflecken aufsuchen. Wenn sich zufällig zwei von ihnen dabei unerwartet begegnen, drohen sie sich entweder gegenseitig, oder aber sie gehen sich aus dem Weg, wobei sie jede Bewegung des anderen genau beobachten und abwarten, ob er sich abwendet.

Die Vermehrung der Hauskatzen wird natürlich von ihren Besitzern unter Kontrolle gehalten. Die erwachsenen Tiere werden kastriert und sterilisiert, unerwünschte Junge werden getötet, und überzählige Kätzchen werden verkauft oder verschenkt. Aber wie kann die territoriale Einteilung bei freilebenden Katzen stabil bleiben bei der unvermeidlichen andauernden Produktion des Nachwuchses? Eine detaillierte Studie über Dockkatzen in einem großen Hafen zeigte, daß in diesem Gebiet von 210 Morgen 95 Katzen lebten. Jedes Jahr wurden etwa 400 Kätzchen geboren. Per Hochrechnung bedeutet das etwa zehn Junge pro Kätzin im Jahr, im Durchschnitt also hat jedes weibliche Tier zweimal im Jahr fünf Junge zur Welt gebracht. Theoretisch bedeutet das pro Jahr ein Anwachsen der Gesamtpopulation um das Fünffache. In der Praxis aber sah es so aus, daß die Population bemerkenswert stabil blieb. Die Katzen hatten sich in einer angemessenen Territoriumsgröße in der rauhen Welt der Docks, in der sie lebten, angesiedelt, und daran hielten sie fest. Nähere Untersuchungen ergaben, daß nur eines von acht neugeborenen Kätzchen überlebte und das Erwachsenenalter erreichte. Dieses Anwachsen um insgesamt fünfzig Tiere jedes Jahr wurde ausgeglichen durch fünfzig Todesfälle unter den älteren Katzen. Die hauptsächliche Todesursache war hier – wie bei den meisten städtischen Katzenpopulationen – das Überfahrenwerden von Autos.

WIE GESELLIG SIND KATZEN?

Katzen werden oft als einzelgängerische, selbstsüchtige Tiere charakterisiert, die ihre eigenen Wege gehen und mit anderen Artgenossen nur zusammentreffen, um zu kämpfen oder um sich zu paaren. Wenn verwilderte Katzen sehr viel Freiraum besitzen, stimmt es, daß sie diesem Bild ziemlich gut entsprechen; sie sind aber ohne weiteres in der Lage, ihr Verhalten zu ändern, wenn ihre Anzahl immer mehr wächst. Wenn sie in Städten und Ortschaften leben und in den Häusern ihrer Besitzer, zeigt es sich, daß Katzen eine ebenso bemerkenswerte wie unerwartete Fähigkeit zur Geselligkeit besitzen.

Jeder, der das bezweifelt, sollte sich daran erinnern, daß wir für unsere Hauskatzen eine Art Riesenkatze sind. Allein die Tatsache, daß eine domestizierte Katze ein Heim mit ihrer Menschenfamilie teilt, ist schon Beweis genug für ihre Flexibilität. Aber das ist nur eine Seite der Angelegenheit. Katzen können auf viele verschiedene Weisen Kooperation, gegenseitige Hilfe und Toleranz unter Beweis stellen. Das ist besonders auffällig, wenn ein Katzenweibchen Junge bekommt. Man weiß von anderen Kätzinnen, die als Hebammen geholfen haben, die Nabelschnur durchzubeißen und die Neugeborenen zu säubern. Später bieten sie dann sogar ihre Dienste als Babysitter an, bringen der jungen Mutter Futter, und gelegentlich säugen sie auch Junge von anderen Würfen zusammen mit ihren eigenen. Sogar Kater zeigen manchmal gewisse väterliche Gefühle, indem sie die Jungen putzen und mit ihnen spielen.

Diese Aktivitäten entsprechen nicht dem üblichen Verhaltensmuster, und auch wenn sie nur relativ selten vorkommen, zeigen sie doch, daß die Katze fähig ist, sich unter bestimmten Bedingungen viel weniger selbstsüchtig zu verhalten, als wir es erwarten würden.

Auch das Territorialverhalten beinhaltet ein gewisses Maß an Toleranz und Miteinander. Katzen tun ihr Bestes, um einander aus dem Wege zu gehen, oft benützen sie die gleichen Bereiche zu verschiedenen Zeiten, um Konflikte zu vermeiden. Zusätzlich gibt es bestimmte Gebiete, die keiner Katze »gehören«, dort können sich gesellige »Clubs« entfalten. Es handelt sich um Teilbereiche der Umgebung, wo Katzen aus ganz bestimmten Gründen einen allgemeinen Burgfrieden ausrufen und zusammentreffen, ohne groß miteinander zu kämpfen. Dies ist bei freilebenden Stadtkatzen in der Regel dort der Fall, wo sie ihren Futterplatz haben. Wenn sie von mitleidigen Menschen dort ihr Futter bekommen, sammeln sie sich häufig ganz friedlich, um es miteinander zu teilen. Dabei wird eine so enge Nachbarschaft geduldet, wie sie in den entsprechenden Einzelrevieren derselben Katzen völlig undenkbar wäre.

Einige Experten haben sich aufgrund dieser Fakten sogar zu der Behauptung verstiegen, daß Katzen echte Herdentiere wären und ihr Zusammenleben kooperativer wäre als das von Hunden, aber das ist eine romantische Übertreibung. Die Wahrheit ist, daß Katzen, was ihr Sozialleben betrifft, Opportunisten sind. Sie nehmen es, wie es ist, oder sie lassen es ganz. Das wiederum steht Herdentieren niemals frei. Ein Hund als Einzelgänger ist ein armer Teufel. Eine Katze als Einzelgängerin ist zumindest froh, wenn man sie in Ruhe läßt.

Wenn das so ist, wie können wir dann die oben angeführten Beispiele wechselseitiger Hilfeleistungen erklären? Einige sind darauf zurückzuführen, daß wir domestizierte Katzen zu übergroßen Katzenkindern gemacht haben. Dadurch, daß wir sie regelmäßig füttern und für sie sorgen, erhalten wir ihre positiven Eigenschaften der Jugendzeit bis ins Erwachsenenleben. Wie Peter Pan werden auch sie innerlich nie erwachsen, selbst dann nicht, wenn sie die physische Reife erlangt haben. Kätzchen sind verspielt und freundlich zu ihren Geschwistern und ihrer Mutter, und sie sind es gewohnt, in einer kleinen Gruppe miteinander zu leben und zu agieren.

Diese Fähigkeit kann bei später hinzukommenden Aktivitäten der erwachsenen Tiere erhalten bleiben. Sie legen dann weniger Wert darauf, miteinander zu konkurrieren, und verhalten sich weniger eigenbrötlerisch. Dazu kommt, daß sich die in den Städten freilebenden »wilden« Katzen ihrem geschrumpften Territorium anzupassen vermögen, allerdings eher aus zwingender Notwendigkeit als aus eigener Wahl.

Einige Tierarten sind nur in der Lage, in eng miteinander verknüpften sozialen Verbänden zu leben. Andere dagegen können nur als Einzelgänger existieren. Die Katze kann dank ihrer Flexibilität auf die eine oder die andere Weise leben, und gerade das ist es, was zum Schlüsselfaktor wurde in ihrer langen erfolgreichen Geschichte seit der ersten Domestizierung vor Tausenden von Jahren.

WARUM MAUNZEN KATZEN INSTÄNDIG, UM RAUSGELASSEN ZU WERDEN, UND MAUNZEN GLEICH DARAUF WIEDER, UM REINGELASSEN ZU WERDEN?

KATZEN HASSEN TÜREN. TÜREN WAREN in der Evolutionsgeschichte der Katzenfamilie einfach nicht vorgesehen. Sie blockieren ständig ihre Patrouillengänge und hindern die Katze daran, ihrem Willen entsprechend ihr heimatliches Revier zu erkunden und dann rasch zum Zentrum, zur sicheren Basis zurückzukehren. Menschen verstehen oft nicht, daß eine Katze das Bedürfnis hat, schnell einen kurzen Rundgang durch ihr Territorium zu machen, um gleich darauf mit allen nötigen Informationen über die Aktivitäten anderer Katzen in der Nachbarschaft heimzukehren. Sie liebt es, diese Inspektionsgänge in häufig wiederkehrenden Intervallen vorzunehmen, aber sie schätzt es gar nicht, sehr lange draußen zu bleiben, außer wenn besondere und unerwartete Veränderungen unter der Katzenpopulation vor Ort stattgefunden haben.

Die Folge davon ist eine offensichtliche Verdrehtheit unserer Hauskatzen: Wenn sie drinnen sind, wollen sie unbedingt raus, und wenn sie draußen sind, wollen sie rein. Wenn die Katzenbesitzer keine kleine Katzenklapptür in die Hintertür ihres Hauses eingebaut haben, wird die Katze regelmäßig ihre Aufmerksamkeit und Hilfe fordern für die in turnusmäßigen Abständen erwünschte Kontrolle der Außenwelt. Diese wiederholte Überwachung des Territoriums ist zum Teil deshalb so wichtig für die Katze, weil das Nachrichtensystem der Duftmarken ähnlich wie eine Kontrolluhr funktioniert. Immer wenn eine Katze sich in ihrem Gebiet an einem der Kontrollpunkte reibt oder Urin dagegen versprüht, hinterläßt sie ihren persönlichen Geruch, der aber unmittelbar darauf anfängt, ein wenig von seiner Intensität zu verlieren. Diese ständige Duftabnahme dient der Katze zur Bestimmung des Zeitabschnittes, der verstrichen ist, seit die Duftmarke gesetzt wurde. Die wiederholten Besuche der Katze in dem von ihr kontrollierten Territorium entspringen dem Verlangen, die eigenen abgeschwächten Geruchssignale zu reaktivieren. Wenn das erledigt ist, locken sie wieder die Behaglichkeit und Sicherheit des Hauses an, und das ängstliche Katzengesicht erscheint zum soundsovielten Male vor dem Fenster.

WARUM SAGEN WIR, »ER LÄSST DIE KATZE AUS DEM SACK«?

DER URSPRUNG DIESES SPRICHWORTES, das soviel bedeutet wie, »er gibt ein Geheimnis preis«, läßt sich bis ins 18. Jahrhundert zurückverfolgen, wo es sich auf einen Trick bezog, der an Markttagen gern angewendet wurde. Ferkel wurden damals oft in einem kleinen Sack oder Beutel zum Markt gebracht. Gauner aber steckten eine Katze in den Sack und behaupteten, es wäre ein Ferkel drin. Wenn der Käufer darauf bestand, es zu sehen, wurde ihm gesagt, es sei zu lebhaft und man könne es nicht riskieren, den Sack zu öffnen, weil das Tier sonst entkommen würde. Wenn die Katze sich so zur Wehr setzte, daß der Gauner sie aus dem Sack ließ, wurde sein Geheimnis entdeckt.

WAS SIGNALISIERT EINE KATZE MIT DER STELLUNG IHRER OHREN?

Katzen besitzen – im Gegensatz zu Menschen – sehr ausdrucksstarke Ohren. Sie ändern ihre Stellung nicht nur, wenn die Katze Geräusche vernimmt, die aus verschiedenen Richtungen kommen, sondern spiegeln durch ihre Stellung auch die emotionale Stimmung der Tiere wider.

Es gibt fünf typische Ohrsignale, die zu den folgenden Stimmungen gehören: Entspannung, Wachsamkeit, Erregung, Abwehr und Aggression.

Bei einer entspannten Katze zeigen die Ohröffnungen nach vorn und leicht nach außen, wenn das Tier ruhig interessanten Geräuschen lauscht, die von weither kommen.

Wenn eine ruhende Katze aufgestört wird und sich auf irgendein aufregendes Detail in der Umgebung konzentriert, verändert sich die Stellung der Ohren hin zum typischen Wachsamkeitsausdruck. Während das Tier auf den Gegenstand seines Interesses starrt, spitzt es die Ohren und dreht sie mit den Öffnungen direkt nach vorn. Die Ohren bleiben in dieser Weise gespitzt, solange die Katze geradeaus starrt. Die einzige Variation erfolgt, wenn plötzlich ein anderes Geräusch seitlich von der Katze laut wird. In diesem Fall kann es passieren, daß ein Ohr sich kurz in diese Richtung dreht, ohne daß die Katze jedoch einen Blick zur Seite riskiert.

An einer aufgeregten Katze, die unter irgendeinem Konflikt leidet, sei es Frustration oder Furcht, macht sich oft ein nervöses Ohrzucken bemerkbar. Bei einigen Arten von Wildkatzen ist diese Art der Reaktion im Laufe der Evolution sehr wirkungsvoll unterstützt worden durch die Ausbildung langer Ohrbüschel, aber der domestizierten Katze fehlt dieses Merkmal, und auch das Ohrzucken selbst tritt bei ihr seltener auf. Leichte Andeutungen von Ohrbüscheln findet man allerdings bei manchen Zuchtkatzen, besonders bei den Abessiniern, die einen kleinen, dunklen Haarausläufer auf der Ohrspitze besitzen; im Vergleich zu den riesigen Ohrbüscheln wie etwa beim Wüstenluchs oder Karakal, handelt es sich dabei aber eher um einen sehr bescheidenen Entwicklungsstand. Eine defensiv gestimmte Katze zeigt völlig flachanliegende Ohren. Sie werden fest an den Kopf gepreßt, als wollte die Katze sie dadurch vor etwaigen Angriffen schützen. Die zerrissenen und zerfetzten Ohren von kämpfenden Katern sind ein augenfälliger Beweis für die Notwendigkeit, diese gefährdeten Körperteile so gut wie möglich zu sichern, wenn ausgefahrene Krallen in der Nähe sind. Die Wirkung der seitlich an den Kopf angelegten Ohren liegt darin, daß sie nahezu unsichtbar sind, wenn man das Tier von vorn ansieht, und daß sie den Kopf insgesamt eher rundlich erscheinen lassen. Es gibt eine seltsame Zuchtkatze, die Schottische Faltohrkatze, die ständig angelegte Ohren zu haben scheint, was ihr das Aussehen einer Katze in Abwehrhaltung gibt, unabhängig davon, wie ihre momentane Stimmung gerade ist. Welche Auswirkungen das auf ihr Sozialleben haben mag, kann man sich nur schwer vorstellen.

Eine aggressive Katze, die in feindseliger Stimmung ist, ohne zugleich sonderlich erschrocken zu sein, hat wieder eine ganz spezifische Ohrstellung. Hier sind die Ohren nach vorn gedreht, aber nicht flach angelegt. Die *Rückseite* der Ohren wird jetzt von vorn sichtbar, und das ist das gefährlichste Ohrsignal, das eine Katze überhaupt übermitteln kann. Dem Ursprung nach liegt diese Ohrstellung auf halbem Wege zwischen Erregung und Abwehr – mit anderen Worten, die Ohren werden halb nach vorn gespitzt und halb nach hinten gelegt. Tatsächlich handelt es sich um eine Position, die anzeigt, daß das Tier zu allem bereit ist. Es sagt damit: »Ich bin zum Kampf gewappnet, aber du jagst mir nicht genügend Schrecken ein, daß ich es für nötig hielte, meine Ohren schützend anzulegen.« Der Grund dafür, daß sie in dieser Stimmungslage die Rückseite der Ohren zeigt, liegt darin, daß die Katze die Ohren erst in diese Richtung drehen muß, bevor sie sie völlig anlegen kann. Auf diese Weise befinden sich die Ohren der angriffsbereiten Katze immerhin in einer Stellung, die es ihr jederzeit erlaubt, sie rasch anzulegen, sollte der Gegner es etwa wagen, zum Kampf anzutreten.

Die aggressive Ohrstellung hat bei einer Reihe von wilden Katzenarten zu attraktiven Ohrzeichnungen geführt, besonders beim Tiger, der auf der Rückseite jedes Ohrs einen großen weißen Fleck trägt, der von einem schwarzen Kreis begrenzt ist. Wenn ein Tiger zornig ist, kann es über seine Stimmung gar keinen Zweifel geben, weil dieses Paar höchst eindrucksvoller weißer Flecke sofort in den Blickpunkt gerät. Domestizierten Katzen aber fehlt solch eine spezielle Kennzeichnung.

WIE KÄMPFEN KATZEN?

In der Wildnis sind Katzenkämpfe eine Seltenheit, weil reichlich Platz vorhanden ist, aber in den dicht bevölkerten Gebieten der Städte und Vorstädte werden die einzelnen Katzenterritorien eng zusammengedrängt und überlappen sich häufig. Dadurch kommt es zu vielen mehr oder weniger ernsthaften Duellen, insbesondere zwischen rivalisierenden Katern. Gelegentlich wird dabei sogar ein Tier getötet oder stirbt anschließend an den Verletzungen, die ihm im Kampf zugefügt wurden.

Das primäre Ziel einer angreifenden Katze besteht darin, dem Rivalen einen todbringenden Nackenbiß zuzufügen, wobei sie sich so ziemlich derselben Technik bedient wie bei der Tötung eines Beutetieres. Weil aber ihr Gegner meist ungefähr gleich groß und stark ist wie sie selbst, wird dieser Tötungsbiß kaum jemals wirklich praktiziert. Tatsächlich wird sich selbst die zaghafteste und feigste Katze bis zu einem gewissen Grade verteidigen, und ein Nackenbiß gleich zu Beginn der Kampfhandlungen ist fast unmöglich zu erreichen.

Hier muß man sich vergegenwärtigen, daß selbst jedes noch so wilde und dominante Tier, wenn es einen Kampf beginnt, die möglichen Konsequenzen fürchtet, die heraufbeschworen werden können, wenn sich ein eingeschüchterter Rangniederer mit dem Mut der Verzweiflung zur Wehr setzt. In die Enge getrieben, wird auch der Unterlegene nichts unversucht lassen. Er wird mit voll ausgefahrenen Krallen auf den Gegner einschlagen und kann damit auch eine überlegene Katze in einer Weise verletzen, die für die Zukunft ein ernsthaftes Handicap bei der Jagd zur Folge hat und damit die Überlebenschancen beeinträchtigt. Deshalb zeigt sogar eine Katze, die durch und durch auf Angriff eingestellt ist, eine ihrer Aggression beigemischte Komponente von Furcht, wenn es schließlich zur tätlichen Auseinandersetzung kommt.

Eine typische Sequenz spielt sich folgendermaßen ab: Ein dominierendes Tier entdeckt einen Rivalen und nähert sich ihm, wobei es eine sehr charakteristische Drohstellung einnimmt, indem es auf voll durchgestreckten Beinen daherkommt, so daß es plötzlich größer wirkt. Dieser Effekt wird noch verstärkt dadurch, daß es die Rückenhaare sträubt. Da der so entstandene »Kamm« am Hinterteil des Tieres höher ist, steigt die Rückenlinie zum Schwanz hin an. Das verleiht der angreifenden Katze eine Silhouette, die genau das Gegenteil von der niedergeduckten Haltung des schwächeren Rivalen darstellt, der sein Hinterteil knapp über dem Boden hält.

Langsam kommt der Angreifer näher, zeigt die Rückseite der Ohren, schreit, brummt und »gurgelt« dabei und wartet auf eine plötzliche Reaktion seines sich duckenden Gegners. Es ist schwer zu verstehen, wie diese so durch und durch feindseligen Laute des Angreifers jemals mißverstanden werden konnten als »Liebesgesang« der Kater. Da kann man sich nur fragen, wie das Liebesleben der Leute aussehen mag, die diese Bezeichnung eingeführt haben. Ich brauche hier wohl nicht weiter zu erwähnen, daß eine echte Brautwerbung in Katzenkreisen völlig anders aussieht.

Wenn die angreifende Katze ihrem Rivalen sehr nahe gekommen ist, vollführt sie eine seltsame, aber sehr typische Kopfbewegung. In einer Entfernung von etwa einem Meter hebt sie ein wenig den Kopf und dreht ihn dann zur Seite, wobei sie ihren Gegner mit starrem Blick fixiert. Dann macht der Angreifer langsam einen Schritt vor und wendet den Kopf zur anderen Seite ab. Das kann sich mehrmals wiederholen und scheint den drohenden Nackenbiß anzukündigen. Der Kopf wird in die Beißposition gedreht, wie um dem anderen zu bedeuten: »Das ist es, was du bekommst.« Mit anderen Worten, der Aggressor führt die Absichtsbewegung aus, die arttypisch ist für den Angriff.

Wenn zwei Katzen von gleichem Status sich begegnen und gegenseitig bedrohen, kann die Sache hier für längere Zeit an einen toten Punkt gelangen, da beide Tiere die gleiche, langsame und feindselige Annäherung vollführen, als brüsteten sie sich vor einem unsichtbaren Spiegel. Je näher sie einander kommen, desto langsamer und kürzer werden ihre Bewegungen, bis sie gewissermaßen einfrieren in ein lang hingezogenes Patt, das bis zu zwanzig Minuten dauern kann. Zwischendurch fahren sie fort mit ihrem eifrigen Miauen, Schreien und Ächzen, doch keiner ist bereit zu kapitulieren. Schließlich gehen sie unter Umständen mit unglaublich langsamen Bewegungen wieder auseinander. Das Tempo dabei zu beschleunigen, käme einem Eingeständnis von Schwäche gleich und würde augenblicklich zu einer Attacke des Rivalen führen, deshalb müssen sich beide, um ihren Status zu wahren, mit fast unmerklichen Bewegungen zurückziehen.

Sollten die Drohungen und Gegendrohungen jedoch in einen ernsthaften Kampf münden, so fängt er damit an, daß einer der beiden Rivalen einen Ausfall macht und den Nackenbiß anzubringen versucht. Wenn das geschieht, dreht sich der andere auf der Stelle um und verteidigt sich mit dem Fang, während er gleichzeitig mit den Vorderpfoten zuschlägt, sich mit scharfen Krallen auf den Gegner stürzt, sich festkrallt und ihn wild mit den kräftigen Hinterpfoten attackiert. Dies ist der Punkt, an dem die Fetzen fliegen, wie das Sprichwort sagt, und das Grummeln wird durch lautes Jaulen und Kreischen ersetzt, während beide Gegner sich herumrollen, winden, sich gegenseitig beißen, kratzen und schlagen.

Diese Phase dauert nicht sehr lange, dazu ist sie zu anstrengend. Die Rivalen trennen sich schnell und fangen wieder mit den Drohgebärden an, starren einander an und brummen wieder tief in der Kehle. Dann wird der Angriff wiederholt, vielleicht sogar mehrfach, bis einer

von beiden schließlich aufgibt und still am Boden liegenbleibt mit völlig angelegten Ohren. An diesem Punkt zieht der Sieger eine ganz typische »Show« ab. Er dreht sich eckig dem Verlierer zu und beginnt mit großer Konzentration den Boden abzuschnüffeln, als ob sich dort gerade in diesem Augenblick ein unwiderstehlich köstlicher Duft ausbreitete. Das Tier konzentriert sich so stark auf das Schnüffeln, daß es – wäre dies nicht feststehender Bestandteil aller Kämpfe – den Anschein einer echten Geruchskontrolle erweckte. Aber es ist nichts weiter als ein Ritual, ein Siegerverhalten, das dem sich duckenden Rivalen signalisiert, daß seine Ergebung und Kapitulation akzeptiert worden sind und die Schlacht vorbei ist. Nach dieser Zeremonie schlendert der Sieger langsam davon, und wenig später schleicht sich auch das unterlegene Tier fort und in Sicherheit.

Nicht alle Kämpfe werden mit einer solchen Intensität durchgeführt. Kleinere Meinungsverschiedenheiten werden geregelt durch Schlagabtausch mit den Vorderpfoten, wobei die Gegner sich mit ausgestreckten Krallen prügeln. Indem die Rivalen sich gegenseitig auf ihre Köpfe einschlagen, kann es ihnen gelingen, ihre Unstimmigkeiten beizulegen, ohne das vorher beschriebene Gerangel voll auszuführen.

WARUM FAUCHEN KATZEN?

Es ist sehr wahrscheinlich, daß die Ähnlichkeit zwischen dem Fauchen einer Katze und dem Zischen einer Schlange kein Zufall ist. Es wird behauptet, daß es sich beim Fauchen einer Katze um einen Fall von Mimikry zum Zwecke des eigenen Schutzes handelt. Mit anderen Worten, die Katze imitiert eine Schlange, um bei einem Feind den Eindruck zu erwecken, daß sie beides sei: giftig und gefährlich.

Der Klang des Fauchens ist wirklich sehr ähnlich. Eine Katze, die sich von einem Hund oder einem anderen räuberischen Gegner bedroht fühlt, bringt einen Ton hervor, der fast identisch ist mit dem einer zornigen Schlange in der gleichen Lage. Raubtiere haben mit gutem Grund großen Respekt vor Giftschlangen und zögern oft absichtlich lange, so daß die Schlange fliehen kann. Dieses Zögern ist in der Regel eine angeborene Reaktion. Der Angreifer muß es nicht erst lernen, sich vor Schlangen zu hüten. Und ein Lernprozeß würde in diesem Zusammenhang auch nicht viel nützen, da die erste Lektion auch schon die letzte wäre. Wenn eine in die Enge getriebene Katze es schafft, den Angreifer zu beunruhigen, indem sie seine instinktive Furcht vor Schlangen weckt, liegt es auf der Hand, daß sie einen beachtlichen Vorteil errungen hat, und das ist wahrscheinlich die richtige Erklärung dafür, wie das Fauchen der Katzen sich innerhalb der Evolution entwickelt hat.

Die Tatsache, daß Katzen oft nicht nur fauchen, sondern auch spucken, erhärtet diese Theorie. Spucken ist nämlich eine weitere Reaktion einer Schlange angesichts einer Gefahr. Manchmal zuckt und schlägt eine in die Enge getriebene Katze auch mit dem Schwanz, und zwar auf eine ganz bestimmte Weise, die an die Bewegungen einer Schlange erinnert, die den Gegner angreifen oder fliehen will.

Schließlich wurde in diesem Zusammenhang auch noch darauf hingewiesen, daß eine schlafende getigerte oder gescheckte Katze, die sich auf einem Baumstumpf oder einem Stein fest zusammengerollt hat, in Farbe und Umriß einer zusammengerollten Schlange verblüffend ähnlich sieht. Schon im 19. Jahrhundert wurden Vermutungen der Art geäußert, daß die Musterung einer getigerten oder gefleckten Katze nicht einfach eine eigene Tarnung des Tieres sei, sondern eher eine Imitation der Tarnmerkmale der Schlange. Selbst ein Räuber wie der Adler, der eine solche schlafende Katze erspäht, wird es sich infolge dieser Ähnlichkeit zweimal überlegen, bevor er angreift.

WARUM MACHT EINE KATZE EINEN BUCKEL, WENN SIE EINEN FREMDEN HUND ERBLICKT?

Wenn eine Katze sich durch einen großen Hund bedroht fühlt, richtet sie sich auf völlig ausgestreckten Beinen auf und krümmt gleichzeitig ihren Rücken in Form eines umgekehrten U. Die Absicht dieser Haltung liegt offensichtlich darin, daß die Katze so groß erscheinen möchte wie nur möglich, in dem Versuch, den Hund davon zu überzeugen, daß er einem unerschrockenen Gegner gegenübersteht. Um den Ursprung dieses Verhaltensmusters zu verstehen, muß man sich klarmachen, was passiert, wenn Katzen sich gegenseitig bedrohen. Wenn eine Katze einer anderen gegenüber absolut feindselig eingestellt ist und dabei nur wenig Furcht empfindet, nähert sie sich ihr mit steifen, durchgestreckten Beinen und geradem Rücken. Wenn ihr Gegner außerordentlich furchtsam ist und keinerlei feindselige Haltung einnimmt, beugt er den Rücken und kauert sich auf den Boden. Nähert sich nun ein Hund einer Katze, so empfindet sie beides – starke Aggression *und* große Furcht. Diese konfliktgeladene, ambivalente Stimmung ruft das oben geschilderte spezielle Verhaltensmuster hervor. Die Katze übernimmt das auffallendste Element ihrer Angriffsreaktion – die steifen Beine – und das auffallendste Element ihrer Angstreaktion – den gekrümmten Rücken – und erreicht, indem sie beide miteinander verbindet, das Aussehen einer größeren Katze. Hätte sie die anderen Elemente – den geraden Rücken der angriffslustigen und den niedergeduckten Körper der furchtsamen Stimmung – übernommen, wäre das Ergebnis alles andere als beeindruckend.

Die Tatsache, daß das Tier seine Beine streckt, den Rücken krümmt, zugleich das Fell sträubt und sich so auffällig seitlich vor dem Hund aufstellt, unterstützt das Imponierende seines Erscheinungsbildes. Diese vier Elemente zusammen ergeben eine maximale Größenwirkung. Auch wenn die Katze sich ein wenig zurückzieht, oder wenn sie auf den Hund zugeht, achtet sie stets sorgfältig darauf, ihm die Breitseite zuzuwenden, indem sie ihren Körper dem Hund darbietet wie die Mantilla eines Stierkämpfers.

Während sie einen Buckel macht, faucht und zischt die Katze drohend wie eine Schlange, aber dieses Fauchen wird zu einem Knurren, wenn sie den Angriff wagt. Schlägt sie dann tatsächlich auf den Hund ein, so fügt sie ihrem Repertoire ein explosives »Spucken« hinzu. Erfahrene Katzen lernen rasch, daß die beste Verteidigung einem feindseligen Hund gegenüber darin besteht, anzugreifen, nicht etwa darin, davonzulaufen. Aber es kostet schon Nerven, sich so zu verhalten, wenn der Hund ein Vielfaches von dem Gewicht der Katze auf die Waage bringt.

Die Alternative, das Heil in der Flucht zu suchen, birgt viel größere Risiken, weil die Katze, wenn sie flieht, den Jagdtrieb des Hundes auslöst. Für einen Hund bedeutet ein fliehendes Objekt nur eines – Futter –, und es ist äußerst schwierig, etwa die Lust zur Kaninchenjagd wieder in ihm zu unterdrücken, wenn sie erst einmal geweckt wurde. Selbst wenn die fliehende Katze stehenbleibt und sich tapfer dem Kampf stellt, besteht wenig Hoffnung für sie, weil der Hund sozusagen »Blut geleckt« hat und nun darauf aus ist zu töten, Katzenbuckel hin oder her. Aber wenn die Katze vom ersten Augenblick an der Begegnung mit dem Hund standhält, hat sie eine gute Chance, das größere Tier abzuwehren, einfach indem sie es angreift, denn dadurch löst die Katze keines der üblichen »Beute-Signale« im Hund aus.

Und der Hund zieht es mit großer Wahrscheinlichkeit vor, sich einen würdevollen Abgang zu verschaffen, statt sich auf einen Schlagabtausch mit unsicherem Ende einzulassen. Wenn scharfe Krallen auf seine empfindliche Nase zielen, überläßt er das fauchende Wutbündel lieber sich selber. Je kühner eine Katze also einem Hund gegenüber ist, desto sicherer ist es für sie.

WARUM WEDELT EINE KATZE MIT DEM SCHWANZ?

Die meisten Menschen nehmen an, daß eine Katze aufgebracht ist, wenn sie mit dem Schwanz wedelt, aber das stimmt nur zum Teil. Die richtige Antwort lautet: Die Katze befindet sich in einer Konfliktsituation. Sie möchte zwei Dinge gleichzeitig tun, aber der eine Impuls blockiert dabei den anderen. Wenn eine Katze z. B. nachts mauzt, damit man sie hinausläßt, und dann beim Öffnen der Tür vor einem schweren Regenschauer steht, beginnt sie aller Wahrscheinlichkeit nach mit dem Schwanz zu wedeln. Wenn sie dann in die Nacht hinausläuft und einen Augenblick lang trotzig draußen bleibt und dabei durchnäßt wird, wedelt sie sogar noch heftiger mit dem Schwanz. Dann trifft sie ihre Entscheidung und läuft entweder zurück in den Schutz des Hauses oder macht sich tapfer daran, trotz der widrigen Wetterbedingungen ihr Territorium zu kontrollieren. Sobald sie diesen Konflikt in der einen oder anderen Weise gelöst hat, hört sie augenblicklich auf, mit dem Schwanz zu wedeln.

In einem solchen Fall ist es einfach unzutreffend, ihre Stimmung als ärgerlich oder zornig zu bezeichnen. Wut beinhaltet einen frustrierten Angriffswunsch, aber die Katze in Wind und Regen ist nicht aggressiv. Was tatsächlich den Frust ausmacht, ist der Widerspruch zwischen dem Drang, das Revier zu erkunden, und dem stark ausgeprägten Wunsch nach Geborgenheit und Trockenheit. Wenn diese beiden Triebkomponenten vorübergehend gleich stark sind, kann die Katze keiner von beiden Folge leisten. Und während sie gleichzeitig in zwei verschiedene Richtungen gezogen wird, bleibt sie still stehen und wedelt mit dem Schwanz. Beide – einander entgegengesetzte Triebe – rufen die gleiche Reaktion hervor, und nur wenn einer davon ein Aggressionstrieb wäre, der frustriert worden ist durch Furcht oder irgendeine andere widerstrebende Stimmung, hätten wir recht damit, daß die Katze mit dem Schwanz wedelt, weil sie ärgerlich oder zornig ist.

Wenn das Schwanzwedeln bei Katzen das Stadium eines akuten Konfliktes anzeigt, wie ist dann der Ursprung dieser Geste zu erklären? Um das zu verstehen, muß man eine Katze beobachten, die versucht, auf einem schmalen Sims zu balancieren. Wenn sie spürt, daß sie gleich die Balance verliert, schwingt der Schwanz schnell zur Seite und dient ihr als Balancierstange.

Wenn man eine Katze auf dem Schoß hält und sie abwechselnd leicht auf der linken und auf der rechten Seite antippt, kann man beobachten, wie ihr Schwanz rhythmisch von Seite zu Seite schwingt, so als ob sie ganz langsam damit wedelt. Genauso beginnt das Schwanzwedeln in einer Konfliktsituation. Wenn die beiden konkurrierenden Triebabsichten die Katze in verschiedene Richtungen ziehen, antwortet der Schwanz des Tieres so, als würde sein Körper erst zur einen Seite und dann zur anderen Seite geschoben. Im Laufe der Evolution entwickelte sich dieses Schwingen des Schwanzes zu einem wichtigen Signal in der Körpersprache der Katzen und wurde immer stärker beschleunigt, so daß es jetzt sehr auffällig ist und augenblicklich bemerkt wird. Heute ist es so viel schneller und rhythmischer als jede andere übliche Balancierbewegung des Schwanzes, daß es leicht schon bei einem flüchtigen Blick zu erkennen ist, daß der Konflikt, den das Tier gerade durchlebt, eher emotional als rein physisch begründet ist.

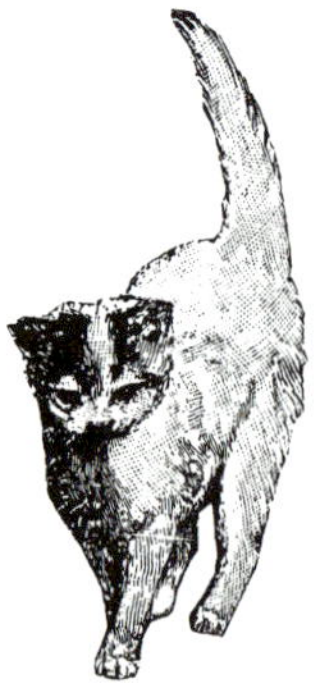

WIE VIELE BOTSCHAFTEN KÖNNEN KATZEN MIT DEM SCHWANZ ÜBERMITTELN?

AUSSER DEM ÜBLICHEN SCHWANZWEDELN DER Katze in einer Konfliktsituation gibt es noch eine Anzahl weiterer Signale, die durch Bewegungen des Schwanzes ausgedrückt werden und die wechselnden Stimmungen der Hauskatze anzeigen. Jede Bewegung oder Stellung des Schwanzes gibt uns (oder anderen Katzen) Auskunft über das emotionale Befinden der Katze; hierzu läßt sich folgender Entschlüsselungs-Kode aufstellen:

Wenn der Schwanz in einer sanften Kurve nach unten und an der Spitze wieder nach oben weist:
ist die Katze entspannt und mit sich und der Welt zufrieden.

Wenn der Schwanz in einer sanften Kurve leicht nach oben weist:
hat die Katze Interesse an etwas gefunden.

Ist der Schwanz hoch erhoben – aber die Spitze umgekippt:
ist die Katze sehr interessiert und befindet sich in freundlicher Begrüßungsstimmung, allerdings mit leichtem Vorbehalt.

Ist der Schwanz hoch erhoben und die Spitze weist senkrecht nach oben:
ist das ein Zeichen freudiger Begrüßung. Bei erwachsenen Katzen ist diese Haltung ein Überrest jener Schwanzstellung, mit der Jungkatzen ihre Mutter begrüßen. Dieses Signal der Jungen ist eine Aufforderung an die Mutter, das Hinterteil des Nachwuchses zu inspizieren. Damit ist dieser Form der Begrüßung – wie übrigens den meisten Begrüßungsriten – ein Element der Unterwerfung eigen.

Ist der Schwanz ganz nach unten gesenkt, möglicherweise sogar zwischen die Hinterbeine gezogen:
ist das ein Signal einer besiegten oder sich unterwerfenden Katze, die damit ihren niedrigen sozialen Status zum Ausdruck bringt.

Ist der Schwanz gesenkt und aufgeplustert:
bringt das starke Furcht zum Ausdruck.

Peitscht der Schwanz heftig von einer Seite zur anderen:
zeugt das von außerordentlicher Aggressivität. Im allgemeinen bedeutet das, daß das Tier im Begriff ist anzugreifen; es bedarf dann nur noch eines Fünkchens, um diese Aggressivität explodieren zu lassen.

Bewegt sich der Schwanz ansonsten nicht, nur die Spitze fährt hin und her:
zeigt das eine sehr geringfügige Erregung an. Aber wenn sich die Bewegung der Schwanzspitze verstärkt, so kann das ein Hinweis darauf sein, daß ein Schlag mit der Pfote der schlecht gelaunten Katze bevorsteht.

Ist der Schwanz hoch erhoben und zittert in seiner ganzen Länge:
Dieses sanfte Beben ist oft zu beobachten, nachdem eine Katze ihre »Bezugsperson« begrüßt hat. Etwas Ähnliches ist zu beobachten, wenn die Katze außerhalb des Hauses ihren Urin versprüht, aber in der hier angesprochenen Situation wird kein Urin produziert. Ob nicht doch eine schwache, unsichtbare Spur von Urin abgegeben wird, wissen wir nicht genau, aber dieses Verhalten scheint die Bedeutung eines freundlichen Begrüßungszeremoniells zu haben, als ob die Katze sagen wollte: »Ja, das bin ich!«

Ist der Schwanz zur Seite gelegt:
Dies ist das für rollige Katzenweibchen typische Signal sexueller Bereitschaft. Wenn eine weibliche Katze damit einverstanden ist, sich von einem Kater besteigen zu lassen, legt sie den Schwanz deutlich auf eine Seite. Wenn er das sieht, weiß der Kater, daß er sie besteigen kann, ohne von ihr angegriffen zu werden.

Wird der Schwanz waagerecht ausgestreckt und ist voll aufgeplustert:
ist das ein untrüglicher Hinweis auf Aggressivität.

Beschreibt der Schwanz einen aufwärts gerichteten Bogen und ist aufgeplustert:
Dies ist die Schwanzhaltung einer defensiven Katze, die aber zur Attacke übergehen kann, wenn sie weiter provoziert wird. Das Aufplustern des Fells läßt das Tier größer erscheinen, was den Gegner abschreckt – wenn die Katze Glück hat.

WIE SPIELT SICH DIE BRAUTWERBUNG BEI KATZEN AB?

KATZEN INVESTIEREN VIEL ZEIT IN DIE Vorbereitungen zum Paarungsakt, und ihre langanhaltenden »Orgien« sowie ihre Promiskuität haben ihnen seit Jahrhunderten den Ruf lasziver und wollüstiger Geschöpfe eingetragen. Dieser Ruf ist nicht dadurch zustande gekommen, daß der Paarungsakt selbst lang oder besonders erotisch wäre. Tatsächlich dauert der gesamte Prozeß der Kopulation selten länger als zehn Sekunden, oft ist er sogar kürzer. Was ihnen vielmehr den Ruf der Lüsternheit eintrug, ist die oberflächliche Ähnlichkeit ihrer gruppensexuellen Begegnungen mit einem Rockertreff. Da gibt es Weibchen, die in einem Augenblick fauchend und kreischend auf die Männer einschlagen, um sich gleich darauf wollüstig am Boden zu rollen. Und da ist der Kreis der Männchen, die sich japsend und heulend gegenseitig anknurren, während einer nach dem anderen – so scheint es – den Versuch macht, das Weibchen zu vergewaltigen.

Die Wahrheit sieht etwas anders aus. Zugegeben, der ganze Vorgang kann Stunden, mit einigen Unterbrechungen sogar Tage dauern, sexuelle Aktivität im Nonstopverfahren, aber es ist das Weibchen, das weitgehend verantwortlich ist für das, was da geschieht. Sie spielt hier die erste Geige, nicht die Männchen.

Es fängt damit an, daß das Weibchen in Hitze gerät und die Kater ruft. Diese reagieren auch auf den spezifischen sexuellen Geruch des Weibchens und kommen aus der ganzen Umgebung herbei. Derjenige Kater, dessen Territorium sie ausgewählt hat, um ihre Show abzuziehen, ist von vornherein im Vorteil, weil die anderen Kater von benachbarten Territorien Hemmungen haben, auf sein Gebiet vorzudringen. Aber einem Weibchen in Hitze zu widerstehen, das geht doch über ihre Kräfte, deshalb nehmen sie das Risiko auf sich. Das führt zu einer Vielzahl von Kabbeleien zwischen den verschiedenen Katern (und das ist meist Ursache für den ganzen Lärm – das Schreien und Heulen der Kater wird fälschlich als sexuell bedingt gedeutet, während es in Wirklichkeit einzig und allein aggressiv ist). Aber der Brennpunkt des allgemeinen Interesses ist das Weibchen, und das dämpft die Kampfeslust der Kater und erlaubt ihnen, sich im Kreis um sie zu versammeln.

Sie produziert sich vor ihnen mit Schnurren und Rufen, Auf-dem-Boden-Rollen, und reibt und windet sich in einer Art und Weise, die die Kater so fasziniert, daß alle Blicke auf sie fixiert sind. Möglicherweise nähert sich einer der Kater ihr, wahrscheinlich der Eigentümer des Territoriums, und setzt sich direkt neben sie. Der Dank dafür ist, daß sie ihn mit Schlägen der Vorderpfoten attackiert – mit ausgefahrenen Krallen. Sie faucht und knurrt ihn an, und er zieht sich wieder zurück. Jeder andere Kater, der sich ihr in dieser zu frühen Phase nähert, wird bald in derselben Weise verjagt. Sie ist Herrin der Situation, und sie allein wird entscheiden, welcher Kater sich ihr nähern darf. Das Männchen, das diesen Erfolg für sich verbuchen kann, muß nicht der dominierende unter den anwesenden Katern sein. Sie kann es sich aussuchen. Aber es gibt gewisse strategische Schachzüge, die den Katern zum Erfolg verhelfen können. Der wichtigste darunter ist der, sich ihr nur dann vorsichtig zu nähern, wenn sie in die andere Richtung schaut. Sobald sie den Kopf in seine Richtung wendet, erstarrt der Kater wie bei dem Kinderspiel »Meister, wieviel Schritte darf ich. . .?« Sie greift natürlich nur an, wenn sie die Annäherung des Katers direkt bemerkt, nicht aber seinen regungslosen Körper, der ihr auf irgendeine magische Weise ein wenig näher gekommen ist.

Auf diese Weise kann ein geschickter Kater ihr ganz nah kommen. Er begrüßt sie dann mit einem seltsamen leisen Zirpen, und wenn sie es aufgibt, ihn anzufauchen und anzuzischen, wagt er möglicherweise einen Paarungsversuch. Er fängt damit an, daß er plötzlich ihr Genick fest zwischen seine Zähne nimmt, und dann vorsichtig den »Übertritt« macht. Wenn sie zur Kopulation bereit ist, macht sie den Oberkörper flach und hebt das Hinterteil hoch, wobei sie den Schwanz auf die eine Seite schwingt. Diese Position ist das endgültige, einladende Signal an den Kater, das ihm die Paarung erlaubt.

Nach einiger Zeit ändert sich der Stil der »Orgie«. Die Kater sind befriedigt und zeigen immer weniger Interesse an der Kätzin. Sie dagegen scheint immer wollüstiger zu werden. Nachdem sie in der vergleichsweise kurzen Zeit von vielleicht einigen Tagen alle Kater nach und nach erhört hat, sollte man meinen, daß auch sie befriedigt wäre, aber das ist nicht der Fall. Solange ihre Hitzeperiode auf dem Höhepunkt bleibt, will sie begattet werden, und jetzt muß sie die Kater dazu verführen. Anstatt sich rar zu machen, muß sie sich jetzt bemühen, das Interesse der Kater anzufachen.

Sie tut das mit vielen Locklauten und Sich-Reiben und wälzt sich vor allem viel auf dem Boden herum. Die Kater sitzen immer noch im Kreis um sie herum, beobachten sie und bringen es fertig, von Zeit zu Zeit genügend Enthusiasmus zu entwickeln, um sich wieder mit ihr zu paaren. Schließlich ist alles vorbei, und die Chancen des Weibchens, nach einem solchen Erlebnis unbefruchtet nach Hause zu kommen, sind außerordentlich gering.

WARUM PACKT DER KATER DAS WEIBCHEN BEIM ZEUGUNGSAKT IM GENICK?

Auf den ersten Blick scheint es sich um einen Akt männlicher Brutalität zu handeln, ähnlich der Art und Weise, wie der Höhlenmensch im Comic seine Partnerin am Haar packt und in seine Höhle zerrt. Nichts könnte der Wahrheit weniger nahekommen. Bei den Katzen dominiert in allen sexuellen Angelegenheiten das Weibchen, und niemals der Kater. Die Kater mögen zwar wilde Kämpfe untereinander ausfechten, aber wenn sie sexuell erregt sind und versuchen, die »Queen« zu erobern, sind sie keineswegs die Paschas. Es ist das Weibchen, das ausholt und die Kater verprügelt. Der Biß ins Genick mag brutal aussehen, aber in Wirklichkeit handelt es sich um eine verzweifelte List des Katers, um sich selbst vor weiteren Angriffen zu schützen. Es geht dabei um eine ganz spezifische Art von Schutz. Der Kater versucht nicht, das Weibchen gewaltsam niederzuhalten, damit es nicht ausbrechen und ihn angreifen kann. Dafür ist es viel zu stark. Statt dessen spielt der Kater einen Verhaltenstrick aus. Alle Katzen, ob weiblich oder männlich, reagieren in besonderer Weise, wenn sie fest im Genick gepackt werden, was auf ihre Kindheit zurückgeht. Wenn Kätzchen in dieser Weise von der Mutterkatze getragen werden, löst das bei ihnen eine automatische Reaktion aus. Die Mutter benutzt diesen »Tragegriff«, wenn es notwendig wird, die Jungen von einem unsicher gewordenen an einen sicheren Platz zu transportieren. Es ist lebenswichtig, daß die Kätzchen bei solchen Gelegenheiten, wo tatsächlich ihr Überleben auf dem Spiel stehen kann, nicht anfangen, sich zu sträuben. Das hilft der Mutter bei ihrer schwierigen Aufgabe, den Nachwuchs in Sicherheit zu bringen. Wenn sie heranwachsen, verlieren Katzen nie ganz diese Verhaltensweise, wie man selber ausprobieren kann, wenn man eine erwachsene Hauskatze fest an der Nackenhaut packt. Sie hört augenblicklich auf, sich zu bewegen, und verhält sich einige Zeit regungslos, bevor sie unruhig wird. Wenn man sie dagegen fest an irgendeinem anderen Körperteil packt, setzt diese Unruhe viel schneller ein, wenn nicht sogar augenblicklich. Diese Art der »Immobilisierung« ist der Trick, den Kater bei ihren möglicherweise wilden Weibchen zur Anwendung bringen. Die Weibchen sind so darauf aus, ihre Krallen einzusetzen, daß die Kater dringend einen solchen Kunstgriff benötigen. Solange sie das Nackenfell der Partnerin zwischen ihren Zähnen halten, haben sie eine gute Chance, die Weibchen zurückzuverwandeln in das hilflose Kätzchen im Maul der Mutter, sie also in die sogenannte Tragestarre zu versetzen. Ohne einen solchen Trick würden die Kater von der Katzenhochzeit mit noch mehr Blessuren heimkommen als ohnehin schon.

WARUM HEISST DER KATER IN ENGLAND »TOM«?

Diese Sitte lässt sich genau bis zum Jahre 1760 zurückverfolgen, als von einem unbekannten Autor eine Geschichte veröffentlicht wurde, die »Leben und Abenteuer einer Katze« hieß. Darin hieß der Held der Geschichte, ein männliches Tier, »Tom the Cat« – »Tom der Kater«. Die Erzählung erfreute sich großer Beliebtheit, und seitdem wird in England, wenn ein Kater gemeint ist, meist von einem Tom geredet.

WARUM SCHREIT DAS WEIBCHEN BEI DER PAARUNG?

WENN DER KATER DEN KOPULATIONSAKT beendet hat, der nur wenige Sekunden dauert, dreht das Weibchen sich blitzschnell um und greift ihn an. Sie schlägt wild zu, die Krallen gespreizt, und schreit laut. Wenn er seinen Penis zurückzieht und von ihr absteigt, muß er sich beeilen, andernfalls kann es leicht geschehen, daß sie ihn verletzt. Der Grund für ihre heftige Reaktion in diesem Stadium ist leicht zu verstehen, wenn man einmal die Vergrößerung eines Katerpenis mikroskopisch genau betrachtet. Im Gegensatz zum normalerweise glatten Penis vieler anderer Säugetiere ist dieser Körperteil beim Kater mit kurzen, scharfen Stacheln bedeckt, die alle mit ihrer Spitze nach hinten gerichtet sind. Das bedeutet, daß der Penis leicht eingeführt werden kann, aber beim Zurückziehen brutal die Wände der weiblichen Vagina zerkratzt. Das bereitet dem Weibchen intensive, krampfartige Schmerzen, und aus diesem Grunde reagiert es aggressiv und mit einem zornigen Kreischen. Der angegriffene Kater kann natürlich gar nichts dafür. Er kann die Stacheln nicht entfernen oder anlegen, auch nicht, wenn er wollte. Sie sind nun einmal da, und sie sind sogar um so größer, je größer die sexuelle Virilität des Katers ist. Deshalb bereitet der Kater, der am meisten »sexy« ist, dem Weibchen die größten Schmerzen.

Das mag wie eine bizarre sadomasochistische Evolutionserscheinung in der Sexualität bei Katzen klingen, aber es gibt einen ganz spezifischen biologischen Grund dafür. Beim Menschen sieht es so aus, daß Frauen, solange sie nicht schwanger sind, in regelmäßigen Abständen Ovulationen (Eisprünge) haben, ob sie mit einem Mann geschlafen haben oder nicht. Auch bei Jungfrauen findet regelmäßig jeden Monat die Ovulation statt. Bei Katzenweibchen ist das nicht der Fall. Eine jungfräuliche Katze wird niemals eine Ovulation haben. Katzenweibchen haben nur dann eine Ovulation, wenn sie zuvor von einem Männchen begattet wurden.

Es dauert auch dann noch eine gewisse Zeit – etwa 25 bis 30 Stunden –, bis der Eisprung einsetzt, aber das macht nichts, weil ihre Hitzeperiode mindestens drei Tage auf dem Höhepunkt bleibt, so daß sie immer noch aktiv kopuliert, wenn die Ovulation stattgefunden hat. Der Auslöser aber, der die Ovulation freisetzt, ist der intensive Schmerz und Schock, den die »Queen« erleidet, wenn ihr erster Freier seinen stachelbewehrten Penis zurückzieht. Dieser kurze Augenblick der Gewalttätigkeit wirkt wie das Abfeuern einer Startpistole und setzt die Produktion ihres Hormonhaushalts in Gang.

In gewisser Weise heißt es nicht ganz zu Unrecht, daß ein Katzenweibchen während der Hitzeperiode »masochistisch« sei, denn schon etwa dreißig Minuten, nachdem es von dem ersten männlichen Penis verletzt wurde, ist es wieder aktiv an Sex interessiert und bereit, sich erneut zu paaren, was schließlich wieder mit Kreischen und Schlagen ihrerseits endet. Wenn man bedenkt, wie sehr der stachelige Penis sie verletzt haben muß, wird einem klar, daß es im Kontext der Sexualität eine Art Schmerz geben muß, der nicht die üblichen eindeutig negativen Reaktionen hervorruft.

WIE GEHT EINE KATZENMUTTER MIT IHREN NEUGEBORENEN UM?

WENN DIE NEUN WOCHEN DAUERNDE Trächtigkeitsperiode dem Ende entgegengeht, wird die werdende Katzenmutter rastlos und sucht überall nach einem geeigneten Lager oder Nest, in welches sie ihre Kätzchen legen kann. Sie hält Ausschau nach einem ruhigen, abgeschiedenen und trockenen Platz. Im Haus hört man seltsame Laute aus Schränken und anderen Ecken und Winkeln, wenn die Katze eine Vielzahl von Plätzen auf ihre Eignung hin erforscht. Plötzlich, nach großem Heißhunger, schwindet ihr Appetit, und sie verweigert das Essen, was bedeutet, daß der Augenblick der Geburt bevorsteht, vielleicht schon kurzfristig. Einige Katzen hassen Störungen in diesem Stadium und werden nervös, wenn man ihnen allzuviel Beachtung schenkt. Anderen – für gewöhnlich Tiere, die im Haus nie viel Abgeschiedenheit kennengelernt haben – scheint es ziemlich gleichgültig zu sein, was um sie herum vorgeht. Unkomplizierte und besonders glücklich veranlagte Katzen gehen kooperativ in eine speziell vorbereitete Wurfbox, ausgerüstet mit weicher, warmer Unterlage und leicht zugänglich für eine menschliche Hebamme, falls eine solche benötigt werden sollte. Andere Katzen lehnen das perfekt vorbereitete Bettnest, das ihnen angeboten wird, eigensinnig ab und verschwinden ungeeigneterweise im Schuhschrank oder an irgendeinem anderen möglichst dunklen und abgelegenen Ort.

Die Niederkunft ist für eine durchschnittliche Katze eine länger andauernde Prozedur. Mit einem typischen Wurf von circa fünf Kätzchen und einem typischen Abstand von dreißig Minuten zwischen der Ankunft eines jeden dauert der ganze Prozeß etwa zwei Stunden, wonach dann die Katze als auch die Jungen, völlig erschöpft sind. Einige Katzen gebären sehr viel schneller – ein Kätzchen pro Minute –, aber das kommt selten vor. Bei anderen dauert es vielleicht etwa eine Stunde von Kätzchen zu Kätzchen, aber das ist auch ungewöhnlich. Der typische Zeitabstand von etwa einer halben Stunde beruht nämlich nicht auf einem reinen Zufall. Er läßt der Mutter gerade genügend Zeit, sich um ein Junges zu kümmern und es zu versorgen, bevor das neue ankommt.

Die Fürsorge, die sie den Neugeborenen zukommen läßt, umfaßt drei Hauptphasen. Zuerst reißt sie die Embryonalhülle auf, die das Kleine umgibt, wenn es auf die Welt kommt. Dann verwendet sie besondere Sorgfalt darauf, die Nase und den Mund des Neugeborenen zu reinigen, dadurch ermöglicht sie ihm überhaupt erst den ersten Atemzug. Wenn dieses schwierige Stadium vorbei ist, beginnt sie aufzuräumen, beißt die Nabelschnur durch und frißt sie auf, wobei sie rund 2,5 Zentimeter vor dem Bauch der kleinen Katze aufhört. Diesen Stummel läßt sie stehen, er trocknet nach und nach aus und fällt schließlich von selbst ab. Dann verzehrt sie die Nachgeburt, die sie mit wertvoller Nahrung versorgt und sie für die langen Stunden der Vollpflege stärkt, die ihr jetzt während des ersten Lebenstages der Jungen bevorstehen. Danach putzt sie das Kätzchen von oben bis unten und hilft ihm dabei, sein von der Geburt noch nasses Fellchen zu trocknen, und schließlich ruht sie sich ein wenig aus. Bald schon erscheint das nächste Kätzchen, und die ganze Prozedur beginnt von neuem. Wenn die Katzenmutter übermüdet ist, gegen Ende eines ungewöhnlich großen Wurfes, kann es passieren, daß sie die letzten ein oder zwei Kätzchen nicht mehr beachtet und sterben läßt, aber die meisten Katzen sind erstaunlich gute Hebammen und benötigen keine Hilfe von ihren menschlichen Besitzern.

Wenn die Kätzchen sich von dem Geburtstrauma erholt haben, fangen sie an, herumzuwühlen und eine Zitze zu suchen. Die erste Nahrung, die sie erhalten, ist von lebenswichtiger Bedeutung, weil sie ihnen gleichzeitig bei der Immunisierung gegen Krankheiten hilft. Bevor die Katzenmutter die schwere Nährmilch erzeugt, bringt sie eine dünnflüssige Erstmilch hervor, die Kolostralmilch genannt wird, reich an Antikörpern ist und den Kätzchen bei der Vorbeugung im bevorstehenden Kampf gegen Kinderkrankheiten hilft. Sie ist außerdem mit Proteinen und Mineralstoffen angereichert und wird von der Katzenmutter einige Tage lang produziert, bevor sie anfängt, die normale Muttermilch hervorzubringen.

WIE VERMEIDEN DIE KATZENKINDER STREIT, WENN SIE BEI DER MUTTER TRINKEN?

Einige Tage nach der Geburt hat jedes Kätzchen eine ganz persönliche Zuneigung zu einer einzelnen Zitze der Mutter entwickelt, die es als seine eigene ansieht und spielend wiedererkennt. So verblüffend das auch klingen mag: Diese Identifizierung ist deshalb möglich, weil jede Zitze einen ganz spezifischen Geruch hat. Deutlich wurde das durch folgende Beobachtung: Wenn die Bauchregion einer Mutterkatze von ihren menschlichen Besitzern gewaschen wird, so daß ihr natürlicher Geruch verschwindet, können die Kätzchen ihre bevorzugte Zitze nicht mehr finden. Und anstatt friedlich ihre üblichen Plätze einzunehmen, reagieren sie desorientiert, und es kommt zu Kabbeleien.

Es lohnt sich daher, darüber nachzudenken, daß in der noch so »simplen« Welt ganz junger Kätzchen schon eine Geruchsorientierung möglich ist, die derart subtile Unterschiede erkennen läßt, daß jedes seine Zitze so eindeutig ausmachen kann, als wäre wie bei unseren Kindern am Schulspind eine Namenskarte angebracht, und daß auf diese Weise bei der Fütterung eine friedliche Teilung der Nahrung zustande kommt.

SÄUGT EIN KATZENWEIBCHEN AUCH FREMDE JUNGE?

JA. WENN EINE SÄUGENDE KATZENMUTTER eine normale Anzahl von eigenen Kätzchen hat, ist es durchaus möglich, ihr ohne große Schwierigkeiten noch ein oder zwei verwaiste Kätzchen »unterzuschieben«. Es wird in der Regel genügen, die fremden Kätzchen einfach neben das Lager zu setzen, wenn sie gerade kläglich maunzen. Der Mutterinstinkt der Katze ist so stark, daß sie unfähig ist, diesen Hilferufen zu widerstehen. Sie wird sich bald nähern, die Kleinen einzeln ins Maul nehmen und in das Lager befördern. Dort wird sie sie putzen, ihnen damit ihren eigenen Geruch verleihen und ihnen dann erlauben, mit ihren eigenen Jungen zusammen bei ihr zu trinken.

Einige Katzenzüchter befürchten, daß diese Methode nicht immer den gewünschten Erfolg bringen könnte, und helfen deshalb noch ein wenig nach. Sie tun das, indem sie warten, bis die Mutter ihr Lager verlassen hat. So nehmen sie beispielsweise, wenn die Katzenmutter gerade abwesend ist, die fremden Kätzchen und wälzen sie sanft in dem Lager, das den Geruch des Weibchens ausströmt. Dann belassen sie die Kleinen zwischen den Jungen der Mutter, und wenn diese zurückkommt, stehen die Chancen gut, daß sie sich ruhig hinlegt und alle Kätzchen bei sich trinken läßt, ohne sie vorher detailliert zu überprüfen. Wenn die Neuankömmlinge den richtigen Nestgeruch haben, ist alles in Ordnung für sie.

Wenn eine große Anzahl von Katzenweibchen in einer Katzenzucht zusammen gehalten werden, kommt es häufig vor, daß alle Kätzchen, die zur Welt kommen, von den verschiedenen Müttern gemeinsam betreut werden. Die in einer Gruppe lebenden Weibchen zeigen einen bemerkenswerten Grad an sozialer Toleranz und richten manchmal ein großes gemeinsames Lager ein, tragen alle ihre Kätzchen dorthin und ziehen das gesamte zappelnde Jungvolk gemeinsam auf. In einem mir bekannten Fall haben nicht weniger als sechs Weibchen mit insgesamt 18 Jungen ein gemeinsames Nest dieser Art bevölkert, und jedes Weibchen erlaubte den anderen Müttern, ihre Milch jedem beliebigen Kätzchen anzubieten, wann immer sie es wünschten. Normalerweise, wenn es sich um eine einzelne Katzenmutter handelt, »gehört« jedem ihrer Jungen eine eigene, ganz persönliche Zitze, und zu der kehrt das Kleine immer wieder zurück, solange es gesäugt wird. Aber in diesen Katzenkinderzimmern nehmen die Jungen die erste Zitze, die zu finden ist, ohne Rücksicht darauf, ob sie sich an einer bereits vertrauten Stelle des Leibes der eigenen Mutter befindet, und sogar unbekümmert darum, ob es überhaupt der Leib der eigenen Mutter ist. Dieses freie und einfache Arrangement führt dazu, daß starke und gesunde Kätzchen aufwachsen, die sich gerade wegen der Arbeitsteilung der Katzenmütter blendend entwickeln. Es gibt nur einen einzigen Nachteil dabei, und der betrifft die schwächsten Katzen, die manchmal ganz nach unten gedrängt werden und, unfähig Atem zu schöpfen, von einem Haufen anderer Körper zu Boden gedrückt werden. Dabei kommt es mitunter zu tödlichen Unfällen durch Ersticken, aber in jeder anderen Hinsicht erweist sich die mütterliche Gruppenbetreuung der Kleinen als außerordentlich effizient.

In der freien Natur ist ein solches Verhalten unter normalen Umständen wegen der großen Ausdehnung des Territoriums einer erwachsenen Wildkatze unwahrscheinlich. In freier Wildbahn kommt es selten vor, daß die Kätzchen verschiedener Mütter einander überhaupt begegnen oder daß eine säugende Katzenmutter in die Nähe des Lagers einer anderen kommt. Deshalb hat es wenig oder gar keinen evolutionären Druck auf Katzen gegeben, der sie veranlaßt hätte, eine besondere Reaktion gegen fremde Katzen zu entwickeln, wenn Jungkatzen vorhanden sind. Die Folge dieser Entwicklung ist die mühelos gemeinsame Aufzucht von Kätzchen in einer Katzenzucht, wo die erwachsenen Weibchen wegen »Überbelegung« bereits die Gegenwart der anderen tolerieren gelernt haben.

Obgleich diese altruistisch anmutende Fürsorge für die Jungen einer anderen Mutter für viele Katzen ganz anomal ist, zeigt sie, wie es unter den ungewöhnlichen Bedingungen extremen Platzmangels auch für Gruppen von Wildkatzen möglich sein könnte, sich wie ein Löwenrudel zu verhalten. Tatsächlich legt dieses Verhalten den Gedanken nahe, daß auf genau diese Weise die Löwenrudel vor langer Zeit in den beutereichen Ebenen Afrikas entstanden sind, wo das große Futterangebot zu einem ungewöhnlichen Anwachsen der Löwenpopulation führte.

KÖNNEN KATZENGESCHWISTER AUS EINEM WURF VERSCHIEDENE VÄTER HABEN?

JA, DAS IST MÖGLICH, UND ES GIBT SOGAR einen Namen dafür: *superfecundation* (Überbefruchtung). Ein Blick auf das Verhalten der Katze bei der Paarung erklärt den Grund dafür. Wenn das Weibchen rollig wird, zieht es mit seinen Klagen und seinem Sexualduft Kater aus der ganzen Umgebung an. Sie versammeln sich in ihrer Nähe und kabbeln sich untereinander mit viel Katzengeschrei. Dann nähert sich einer von ihnen dem Weibchen und begattet es. Der Akt der Kopulation dauert in der Regel nur etwa fünf Sekunden, da die Ejakulation eintritt, sobald der Kater eindringt. Nach einer Ruhepause von etwa zwanzig Minuten findet erneut eine Paarung statt – und so fort bis zu siebenmal, dann ist das Männchen vollkommen befriedigt.

Einige Weibchen entwickeln eine besondere Zuneigung zu einem bestimmten Kater und weisen andere Bewerber ab; sie warten, bis der Kater, den sie allen anderen vorziehen, wieder sexuell erregt ist. Aber ebensogut kann es geschehen, daß ein Weibchen mehreren Katern hintereinander gestattet, es zu besteigen, bis alle Bewunderer erhört worden sind. Das bedeutet, daß es eine Mixtur von Spermen verschiedener Herkunft aufnimmt, und es ist eine Sache des Zufalls, welches männliche Sperma welches Ei befruchtet.

Das Ergebnis ist manchmal ein Katzenwurf mit Kätzchen in vielen verschiedenen Farben und Fellmustern, von denen manche Katzenhalter dann fälschlich annehmen, es handele sich um ein Produkt der »genetischen Vielfalt« ihres Weibchens und seines unbekannten »Gatten«. Aber die völlig verschiedenartigen Kätzchen sind mit größerer Wahrscheinlichkeit nur das Produkt der sexuellen Promiskuität ihrer Mutter.

Dieses Phänomen tritt besonders häufig bei domestizierten Katzen auf, weil die Reviere von Wildkatzen sehr viel größer sind. Deshalb ist die Chance, daß eine ganze Gruppe von Katern zur Stelle ist, wenn ein Wildkatzenweibchen rollig ist, recht gering. Superfecundation gibt es am häufigsten bei Katzen in kleineren und größeren Städten, in einer Umgebung also, wo die individuellen Reviere in ihrer Ausdehnung so reduziert sind, daß der Duft eines sexuell bereiten Weibchens mit Leichtigkeit von einer ganzen Ansammlung verschiedener Männchen wahrgenommen werden kann.

Bestünde nicht die außerordentlich starke Aggression, die immer dann ausbricht, wenn Kater einander zu nahe kommen, wäre die Superfecundation zweifellos noch häufiger zu beobachten, als es bereits der Fall ist, denn einige Männchen wagen es nicht, sich zu paaren, wenn ein dominierender Kater ihnen dabei aus unmittelbarer Nähe zusieht. Wenn auf der anderen Seite Katzenweibchen nicht sexuell so unersättlich wären, dann könnte die Superfecundation gleichfalls längst nicht so häufig vorkommen.

Wenn die »Queen« nach den sieben Paarungen mit einem Kater befriedigt wäre, würde sie die anderen Kater links liegenlassen und sich nach Hause begeben. Es ist aber typisch für sie, gerade das nicht zu tun, sondern sich auf dem Boden zu wälzen und zu immer weiteren Paarungen einzuladen, bis ihre Rolligkeit vorüber ist. Sobald dann die Spitzenkater sexuell total erschöpft sind, werden sogar rangniedrigere Männchen es riskieren, sich kurz mit dem Weibchen zu paaren.

Es gibt aber außer der Superfecundation bei Katzen noch ein weiteres merkwürdiges Phänomen, und das ist die *superfetation*. Katzenweibchen sind so tüchtige »Brutmaschinen«, daß einige von ihnen sogar noch einmal rollig werden können, wenn sie bereits trächtig sind. Es ist im allgemeinen eine der fundamentalsten Regeln des Fortpflanzungsverhaltens, daß der Zustand der Schwangerschaft die weibliche Sexualität aufhebt, Katzenweibchen aber brechen diese goldene Regel. Bei etwa jeder zehnten weiblichen Katze kommt es, wenn die Ausschüttung an Schwangerschaftshormonen gering ist, zu einer weiteren Phase der sexuellen Empfänglichkeit *während* der Schwangerschaft. Die Trächtigkeit der weiblichen Katze dauert neun Wochen, und während dieser Zeit kann die Katze nach drei oder sechs Wochen erneut rollig werden. Dieser Zustand treibt die werdende Mutter wieder auf die Straße hinaus, wo sie, wenn sie sich wiederum paart, noch einmal befruchtet werden kann, so daß sie dann Föten in zwei verschiedenen Stadien der Entwicklung austrägt.

Kommt es zu einer solchen Zweitbefruchtung, so entwickeln beide Gruppen von Jungen sich nebeneinander, wobei die später gezeugten drei oder sechs Wochen im Rückstand sind. Daraus können sich für die werdende Mutter zweierlei Probleme ergeben.

Wenn sie im Begriff steht, die ältere Gruppe zur Welt zu bringen, kann es geschehen, daß die jüngere Gruppe gleichfalls mit ausgestoßen wird. Wenn das passiert, sind diese Kätzchen noch so unreif, daß sie fast immer sterben. Wenn die Mutter es allerdings fertigbringt, die noch nicht ausgereiften Föten nicht auszustoßen, können diese drei oder sechs Wochen später zum richtigen Zeitpunkt geboren werden. Dann aber erhebt sich ein anderes Problem – eine fast nicht zu befriedigende Nachfrage nach Zitzen und Milch. Gelingt es dem Katzenweibchen dennoch, dieses zusätzliche mütterliche Problem zu meistern, kann dies wiederum natürlich zu einer extremen Explosion unserer Katzenpopulation beitragen.

WARUM SIND WEISSE KATZEN SCHLECHTE MÜTTER?

Das liegt daran, dass sie es oft nicht hören, wenn ihre Kätzchen nach ihnen rufen, und es deshalb häufig an der notwendigen Zuwendung fehlen lassen. Es liegt jedoch nicht daran, daß weiße Katzen etwa dumm wären oder nachlässige Mütter, sondern daran, daß viele von ihnen taub sind und deshalb die Probleme ihres maunzenden Nachwuchses gar nicht wahrnehmen.

Nicht alle weißen Katzen sind jedoch taub, und Besitzer solcher Tiere sollten einen einfachen Geräuschtest durchführen, um herauszufinden, ob sie Glück gehabt haben oder nicht. Es sind besonders die weißen Katzen mit blauen Augen, die zur Taubheit neigen. Bei den Katzen mit bernsteinfarbenen Augen ist es wahrscheinlicher, daß sie hören können.

Wenn man das Gehör einer Katze testen will, ist es wichtig, daß man das Geräusch, mit dem man ihre Reaktionen prüfen will, außerhalb ihrer Sichtweite macht, ferner daß man das entsprechende Geräusch nicht erzeugt, indem man gegen eine harte Oberfläche tritt oder schlägt, weil man dadurch Vibrationen erzeugen kann, die selbst eine absolut taube Katze vermittels der empfindlichen Polster an den Unterseiten ihrer Pfoten wahrnimmt. Aber wenn die Katze Ihre Aktivitäten weder sehen noch indirekt erspüren kann und trotzdem auf das laute Geräusch, das Sie erzeugen, reagiert, dann ist sie eines der glücklichen hörfähigen weißen Tiere.

Falls Ihre Katze jedoch taub ist, können Sie gar nichts tun, um ihr zu helfen. Denn die Cochlea des Tieres, jenes lebenswichtige schneckenförmige Organ im Ohreninneren, hat bereits wenige Tage nach der Geburt angefangen, sich zurückzubilden, und dieser Verfall ist absolut irreversibel. Es handelt sich um einen genetisch bedingten Defekt, der an den weißen Nachwuchs einer tauben Mutter weitervererbt wird. Deshalb ist es wichtig, wenn irgend möglich, mit solchen Katzen nicht weiterzuzüchten. Denn nur in diesem Fall wird der kleine Teil der weißen Katzen, die hören können, langsam die Oberhand gewinnen, und der Defekt könnte theoretisch nach einigen Generationen ausgelöscht sein.

Tatsächlich scheinen die Katzen mit weißem Fell und blauen Augen besonders gefährdet zu sein, was auch durch das Beispiel von Katzen, die zwei verschiedenfarbige Augen haben, bestätigt wird. Manchmal kommt eine weiße Katze mit einem blauen und einem bernsteinfarbenen Auge zur Welt. In solchen Fällen können Tests zeigen, daß nur das Ohr auf der Seite des blauen Auges taub ist, das Ohr auf der anderen Seite hingegen meist völlig einwandfrei funktioniert. Solche Katzen mögen zwar bei der Jagd im Nachteil sein, weil ihr Sinn für die Richtung, aus der die akustischen Signale kommen, gestört ist, aber in anderer Hinsicht können sie ein ganz normales Leben führen und gute Mütter werden.

Besitzer von tauben und weißen Katzen berichten, daß ihre Tiere eine »geniale« Möglichkeit entdeckt haben, ihre genetisch bedingte Unfähigkeit zu kompensieren. Sie reagieren ganz besonders empfindlich auf die winzigsten Vibrationen, die durch Geräusche hervorgerufen werden, und können fast »mit den Füßen hören«. Ihre Aufmerksamkeit ist so außerordentlich verstärkt, daß sie einen maximalen Gebrauch von ihrem ausgezeichneten Gesichtssinn machen können. Tatsächlich ist es keine so große Tragödie, wenn man feststellt, daß eine Hauskatze taub ist, obgleich durch diesen Umstand bisweilen die »intime« Kommunikation zwischen Mensch und Katze schon erheblich beeinträchtigt wird. Aber auch der Katzenfreund kann lernen, im Informationsaustausch mit seiner Katze eine Art Zeichensprache zu benutzen, das heißt Gesten und Bewegungen zu verwenden, wo er sich unter anderen Umständen seiner Stimme bedienen würde.

WIE ENTWICKELN SICH JUNGE KATZEN?

BEI DER GEBURT SIND DIE KÄTZCHEN blind und taub, haben aber schon einen gut entwickelten Geruchssinn. Sie reagieren auch bereits sensibel auf Berührungen und fangen bald an, nach den Zitzen der Mutter zu suchen. In diesem Stadium wiegen sie zwischen 55 und 115 Gramm, das durchschnittliche Geburtsgewicht liegt etwa bei 100 Gramm. Sie sind ungefähr 12,7 Zentimeter lang.

Am vierten Tag beginnen die Kätzchen bereits mit dem Treteln der Vorderpfoten, das den Milchfluß der Mutter stimulieren hilft. Am Ende der ersten Woche ihres Lebens fangen ihre Augen an, sich zu öffnen, und sie wiegen jetzt etwa doppelt soviel wie bei der Geburt. Wenn sie sich dem Ende ihres ersten Lebensmonats nähern, zeigen sie die ersten Anzeichen davon, miteinander zu spielen. Sie können sich jetzt mit größerer Sicherheit bewegen und aufsetzen. Welche Farbe ihre Augen auch immer im späteren Leben haben werden, in diesem Stadium sind alle Kätzchen blauäugig, und so bleiben sie bis zum Alter von etwa drei Monaten. Ihre Zähne fangen im Alter von einem Monat an durchzubrechen.

Ungefähr mit 32 Tagen fressen sie das erste feste Futter, aber sie werden nicht entwöhnt, ehe sie zwei Monate alt sind. (Bei Wildkatzen dauert es länger, bis die Jungen entwöhnt sind, etwa vier Monate.) Während ihres zweiten Lebensmonats werden die Katzenjungen sehr lebhaft und spielen intensiv miteinander. Wenn sie im Haus leben, benutzen Kätzchen etwa ab der sechsten Woche gemeinsam mit ihrer Mutter deren Katzenklo. Spielerisches Kämpfen und Jagen spielt vom Ende des zweiten Monats an eine Hauptrolle in ihrem Tagesablauf.

In ihrem dritten Lebensmonat erleiden sie einen Schock. Die Mutter verweigert ihnen die gewohnte Nahrung aus ihren Zitzen. Sie müssen jetzt vollständig damit auskommen, feste und flüssige Nahrung aus einem Napf zu schlecken. Schon lange zuvor ist ihre Mutter in der Regel wieder rollig geworden und konzentriert sich nun aufs neue auf ihre Verehrer unter den Katern.

In ihrem fünften Monat fangen die jungen Katzen an, ihr heimatliches Revier mit Duftmarken zu versehen. Sie verlieren ihre Milchzähne und erforschen ihre aufregende neue Welt in einer weniger spielerischen Art und Weise. Die Veränderung besteht darin, daß ihre Mutter jetzt meist schon wieder trächtig ist, wenn ihre Besitzer sie nicht gegen ihren Willen im Haus eingeschlossen haben.

Im allgemeinen sind die jungen Katzen mit sechs Monaten völlig unabhängig und in der Lage, Beute zu jagen und sich selbständig durchs Leben zu schlagen.

WAS IST DER URSPRUNG DES KINDERSPIELS, DAS IM ENGLISCHEN »KATZENWIEGE« HEISST?

BEI DIESEM SPIEL WIRD EIN zu einer Schlinge gebundener Faden so zwischen Daumen und Zeigefinger beider Hände gewickelt, daß ein gitterartiges Muster entsteht. Das Fadengitter wird einem anderen Kind so übergeben, daß es sich zwischen dessen Fingern zu einem neuen Muster fügt. Es wird hin und her gereicht, und dabei entstehen stets neue Muster. Die »Wiege«, die das Fadengitter bildet, ist gerade so groß, daß ein Kätzchen darin Platz hat.

Doch weshalb geht der englische Name für dieses Spiel augerechnet auf die Katze zurück? Warum nicht auf ein anderes Tier? Auf der Suche nach einer historischen und zufriedenstellenden Erklärung stieß man auf eine lange in Osteuropa beheimatete Tradition.

Dort glaubte man, eine Katze steigere die Fruchtbarkeit eines frisch verheirateten Paares. Dieser Glaube ist wohl auf die jahrhundertealte Beobachtung zurückzuführen, daß Katzen bei jedem Wurf scheinbar mühelos eine große Zahl von Nachkommen zur Welt bringen, und somit zum Sinnbild der Fruchtbarkeit wurden.

In einem Fruchtbarkeitsritual, das einen Monat nach der Hochzeit vollzogen wurde, stand deshalb auch die Katze im Mittelpunkt: Sie wurde in eine Wiege gelegt, die feierlich in das Haus der Neuvermählten getragen wurde. Dann schaukelte man die Wiege in Anwesenheit der Eheleute hin und her, um eine baldige Empfängnis der jungen Frau zu beschwören.

WARUM BRINGT EINE KATZE IHRE JUNGEN IN EIN ANDERES NEST?

Wenn die Kätzchen zwischen zwanzig und dreißig Tagen alt sind, bringt ihre Mutter sie für gewöhnlich in ein neues Nest. Jedes Kätzchen wird am Genick hochgenommen, und die Mutter trägt es mit möglichst hoch erhobenem Kopf zu seinem neuen Platz. Wenn die Katze es über eine längere Entfernung tragen muß, kann es vorkommen, daß sie unterwegs ermüdet, ihren Kopf sinken läßt und ihre Last eher schleift als trägt. Die Kätzchen wehren sich nie, sondern hängen schlaff und still zwischen den Kiefern der Mutter, den Schwanz hochgebogen zwischen den angezogenen Hinterbeinen. Diese Stellung macht den Körper der Kätzchen so kurz wie möglich, was die Gefahr verringert, daß er unterwegs irgendwo aufprallt, wenn es unsanft vom alten ins neue Nest transportiert wird.

Sobald die Mutter an dem neuen Platz, den sie ausgewählt hat, ankommt, öffnet sie die Kiefer und läßt das Kätzchen einfach auf den Boden fallen. Dann kehrt sie um, holt das nächste Kätzchen und das übernächste, bis der ganze Nachwuchs umgezogen ist. Wenn sie das letzte gebracht hat, unternimmt sie einen letzten Gang zurück, um noch einmal das alte Nest zu inspizieren und sich so nochmals zu versichern, daß nicht doch eines zurückgelassen wurde. Das legt die Vermutung nahe, daß das Zählen nicht gerade zu den Glanzleistungen der Katze gehört.

Man nimmt allgemein an, daß dieser Umzug entweder dadurch motiviert ist, daß das alte Nest verschmutzt war oder daß es für die Kätzchen zu klein wurde. Diese Erklärungen scheinen sehr logisch, entsprechen aber nicht den Tatsachen. Auch eine Katze mit einem großen, sauberen Nest wird höchstwahrscheinlich daran gehen, ihren Nachwuchs zu diesem Zeitpunkt umzuquartieren. Die richtige Antwort hat etwas mit den Erfahrungen der wilden Vorfahren der domestizierten Katze zu tun. In einer natürlichen Umgebung, weit entfernt von Dosenfutter und gefüllten Milchfläschchen, mußte die Katzenmutter zu diesem Zeitpunkt damit anfangen, Beutetiere zum Nest zu schleppen, um die Raubtier-Instinkte der Jungen zu wecken. Wenn die Kätzchen zwischen dreißig und vierzig Tagen alt sind, müssen sie allmählich feste Nahrung zu sich nehmen, und eben dieser Wechsel in den Nahrungs-

gewohnheiten steckt hinter der ganzen Umzugsaktion. Das erste Nest muß nach den Gesichtspunkten maximaler Geborgenheit und Sicherheit gewählt werden. Die Kätzchen sind am Anfang völlig hilflos und benötigen in erster Linie Schutz. Aber während des zweiten Lebensmonats, wenn ihre Zähne durchgebrochen sind, müssen sie von ihrer Mutter lernen, wie man Beutetiere erlegt und verspeist. Deshalb ist das zweite Nest erforderlich, das diesen »Unterricht« erleichtert. Die wichtigste Voraussetzung ist jetzt die größtmögliche Nähe zu dem besten Futterangebot, was die Aufgabe der Katzenmutter erleichtert, für ihre Jungen immer wieder Nahrung heranzuschleppen.

Diese Umzugsaktion liegt auch der domestizierten Katze im Blut und wird durchgeführt, wenn man ihr nur halbwegs eine Chance dazu läßt, trotz der Tatsache, daß das Fütterungsproblem bereits gelöst ist durch das regelmäßige Nachfüllen der Futterschüssel durch ihre menschlichen Besitzer. Es handelt sich also um ein altes Verhaltensmuster von Mutterkatzen, das ebenso wie das Jagen nicht eliminiert wird, trotz des bequemen Lebensstils in der Domestikation.

Zusätzlich zu dem Verhaltensmuster »Umzug zwecks Nahrungsbeschaffung« gibt es natürlich viele Beispiele dafür, daß eine Katze rasch ihren Nachwuchs fortträgt, wenn sie den Eindruck hat, daß ihr Nest in Gefahr ist. Wenn die menschliche Neugier zu stark wird und die Leute ständig mit neugierigen Augen und tastenden Händen das Nest in seinem Versteck inspizieren, können die fremdartigen menschlichen Gerüche es der Katze verleiden. Die Mutter wird dann wahrscheinlich nach einem anderen Versteck Ausschau halten, einfach um ihre Privatsphäre zu schützen. Umzüge dieser Art können in jedem Stadium der Aufzuchtphase stattfinden. Bei wilden Katzenarten können Einmischungen in ein Nest mit Jungen zu dramatischen Ergebnissen führen: Die Mutter kann sich weigern, sie weiterhin als ihren Nachwuchs anzuerkennen, sie verlassen oder sogar auffressen. Was dabei tatsächlich geschieht, ist folgendes:

Die fremden Gerüche am Körper der Kätzchen machen sie zu einer fremden Spezies, mit anderen Worten, zu einer Art Beutetier, und die normale Art, auf so ein Objekt zu reagieren, ist, es zu verzehren. Domestizierte Katzen reagieren selten in dieser Weise, da sie sich im Lauf der Zeit schon an die Gerüche und Ausdünstungen ihrer menschlichen Besitzer gewöhnt haben, so daß sie sie nicht mehr als fremdartig einstufen. Deshalb bleiben Kätzchen, die von Menschen angefaßt werden, in der Regel »in der Familie«, auch wenn sie dabei neue Geruchskomponenten annehmen.

WIE LERNEN JUNGE KATZEN, IHRE BEUTE ZU TÖTEN?

Die Antwort lautet kurz: Sie brauchen nicht zu lernen, wie der Tötungsakt durchzuführen ist, es hilft ihnen aber, wenn sie von der Mutter einige Anweisungen bekommen. Kätzchen, die von Wissenschaftlern isoliert von der Mutter aufgezogen wurden, waren durchaus in der Lage, ihre Beute zu töten, wenn man ihnen zum ersten Mal lebende Nagetiere zuführte. Allerdings hatten nicht alle diese Kätzchen dabei Erfolg. Von zwanzig Kätzchen, die getestet wurden, töteten nur neun, und nur drei davon verzehrten auch tatsächlich die getötete Beute. Junge Katzen, die in einer Umgebung aufgewachsen waren, in der immer wieder Nagetiere getötet wurden und wo sie zwar Zeuge des Erlegens, nicht aber des Verzehrens der Beute waren, hatten sehr viel mehr Erfolg. Achtzehn von zwanzig Kätzchen, die getestet wurden, töteten ihre Beutetiere, und neun davon verzehrten dann auch tatsächlich ihre erlegte Beute.

Interessanterweise haben von achtzehn Kätzchen, die in Gesellschaft von Nagetieren aufwuchsen, später nur drei Nagetiere gejagt und getötet. Die anderen fünfzehn konnten allerdings später auf das Töten von Nagetieren abgerichtet werden, indem sie zuschauten, wie andere Katzen sie töteten. Für sie waren Nagetiere Familienangehörige geworden und gehörten nicht in die Kategorie der Beutetiere. Sogar die drei Kätzchen, die von Anfang an Nager erlegten, griffen niemals Nagetiere an, die zu der gleichen Art gehörten wie diejenigen, mit denen sie aufgezogen worden waren. Obgleich sicher ist, daß es einen angeborenen Tötungstrieb bei Katzen gibt, kann dieses Verhaltensmuster doch durch unnatürliche Aufzuchtbedingungen ausgelöscht werden.

Andererseits müssen wirklich tüchtige Ratten- und Mäusefänger eine Kindheit erleben, die ihnen soviel Gelegenheit zum Jagen und Töten bietet wie nur irgend möglich.

Die besten Jäger sind im allgemeinen die Katzen, die als Junge in der Lage waren, ihre Mutter bei ihren Streifzügen zu begleiten und sie beim Umgang mit der Beute zu beobachten. Auch profitieren die Kätzchen davon, wenn ihnen die Katzenmutter in noch zarterem Alter die Beute zum Nest bringt und vorzeigt. Wenn die Jungen zwischen der 16. und 20. Lebenswoche keine Beutetiere zum Nest gebracht bekommen, sind sie in ihren späteren Jahren meist sehr viel weniger erfolgreiche Jäger.

WAS BESAGT DIE ENGLISCHE REDENSART, DASS JEMAND »KÄTZCHEN BEKOMMT«?

Wenn man in England sagt, »sie wird Kätzchen bekommen, wenn sie das erfährt«, meint man damit, daß jemand schrecklich aufgeregt sein wird, bis an die Grenze der Hysterie. Auf den ersten Blick besteht absolut kein Zusammenhang zwischen einem derart verwirrten menschlichen Verhalten und dem Gebären von Kätzchen.

Wahr ist allerdings, daß eine von Panik ergriffene oder hysterische Frau, die zufällig schwanger ist, infolge von starkem emotionalem Streß eine Fehlgeburt erleiden kann. Daß jemand infolge von Panik plötzlich gebärt, ist insofern verständlich. Aber wieso Kätzchen bekommt?

Um die Antwort zu finden, müssen wir die Zeit zurückdrehen bis ins Mittelalter, als man Katzen für die Vertrauten von Hexen hielt. Wenn eine schwangere Frau plötzlich von quälenden Schmerzen gepeinigt wurde, glaubte man damals, daß sie verhext wäre und Kätzchen im Leib hätte, die sie von innen kratzten. Da Hexen angeblich über die Katzen geboten, konnten sie auch magische Tränke zubereiten, um den Wurf zu vernichten, so daß die Frau keine Kätzchen zur Welt bringen mußte. Noch im 17. Jahrhundert sagte man an Höfen als Entschuldigung für das Erleiden eines Aborts, es habe sich um eine Entledigung von »Katzen im Bauch« gehandelt.

Da wohl jede Frau im Glauben, verhext und auf dem besten Wege zu sein, einen Wurf Kätzchen zu gebären, hysterisch reagieren würde, ist zu verstehen, wie es dazu kam, daß die Redewendung von »Kätzchen bekommen« allgemein für den Zustand angstvoller Panik verwendet wurde.

WARUM WERFEN JUNGE KATZEN IHR SPIELZEUG MANCHMAL HOCH IN DIE LUFT?

Die Szene ist allgemein bekannt. Ein Kätzchen hat genug vom Anpirschen und Jagen des Balls. Plötzlich und ohne Vorwarnung schnellt eine seiner Vorderpfoten unter den Ball, wirft ihn in die Luft und nach hinten über seinen Kopf hinweg. Während der Ball durch die Luft fliegt, dreht die junge Katze sich blitzschnell um und verfolgt ihn, indem sie wieder auf ihn einschlägt und ihn »erlegt«. Eine gewisse Variante zu diesem Verhaltensmuster besteht darin, daß das Kätzchen, mit einem größeren Ball konfrontiert, den Rückwärtsschlag mit beiden Vorderpfoten gleichzeitig ausführt.

Die übliche Interpretation dieses spielerischen Verhaltens besagt, daß das Kätzchen erfinderisch ist und praktische Intelligenz besitzt. Weil sein Spielzeug nicht wie ein lebendiger Vogel in die Luft fliegt, bringt das Kätzchen Leben hinein, indem es den Ball über seine Schulter wirft, damit es sich dann daran erfreuen kann, einem reizvolleren, »lebendigen« Beuteersatz nachzujagen. Diese Ansicht spricht dem Kätzchen die bemerkenswerte Fähigkeit zu kreativem Spiel zu – die Fähigkeit, einen fliegenden Vogel zu erfinden. Zur Erhärtung dieses Gedankens wird angeführt, daß keine erwachsene Katze, die einen wirklichen Vogel jagt, jemals eine vergleichbare Aktion mit den Vorderpfoten ausübt. Diese Aktion, so heißt es, ist ein echt erfinderisches Moment und spiegelt die fortgeschrittene Intelligenz des Kätzchens wider.

Leider ist diese Deutung falsch. Sie basiert auf der Unkenntnis der instinktiven Jagdaktionen der Katze. Unter den Bedingungen der Wildnis verfügen Katzen über drei verschiedene Verhaltensmuster des Angriffs, die davon abhängig sind, ob sie Mäuse, Vögel oder Fische jagen. An Mäuse pirschen sie sich heran, springen sie an, halten sie mit den Vorderpfoten fest und beißen dann zu. An Vögel pirschen sie sich heran und springen sie an, und wenn der Vogel in die Luft fliegt, springen sie hoch, ihm nach, um ihn doch noch zu erhaschen, und »angeln« mit beiden Vorderpfoten gleichzeitig nach ihm. Wenn sie schnell genug sind und den Vogelkörper mit einer Zangenbewegung ihrer Vorderpfoten festhalten können, ziehen sie ihn *herunter* auf den Boden, um den Tötungsbiß anzubringen. Weniger bekannt ist die Art und Weise, in der Katzen Fische fangen. Sie gehen dabei folgendermaßen vor: Zuerst liegen sie wartend am Ufer, dann, wenn ein Fisch nichts Böses ahnend näher heranschwimmt, tauchen sie rasch eine Pfote ins Wasser, lassen sie blitzschnell unter den Fischkörper gleiten und schleudern den Fisch aus dem Wasser.

Die Richtung dieses Schleuderns zeigt nach hinten, über die Schulter der Katze, und sie wirft den Fisch natürlich aus dem Wasser. Wenn der aufgeschreckte Fisch auf dem Gras hinter der Katze landet, dreht der Jäger sich schnell um und springt ihn an. Wenn der Fisch zu groß ist, um mit den Krallen einer Vorderpfote weggeschleudert zu werden, riskiert die Katze es unter Umständen, beide Pfoten gleichzeitig ins Wasser zu tauchen, um den Fisch mit ihren ausgezogenen Krallen aus dem Wasser zu reißen und dann die Beute rückwärts über ihren Kopf aufs Land zu schleudern.

Es sind diese instinktiven Bewegungen des Fischens, die das Kätzchen vorführt, wenn es den Spielzeugball hochschleudert, und nicht irgendwelche erlernten oder erfundenen Aktionsformen. Der Grund dafür, daß das in der Vergangenheit übersehen wurde, liegt darin, daß nur wenige Menschen je beobachtet haben, wie Katzen in der Wildnis mit Erfolg fischen, wohingegen viele Leute gesehen haben, wie ihre Katze auf dem Gartenrasen einem Vogel nachspringt.

Ein holländisches Untersuchungsprojekt konnte aufzeigen, daß das »Aus-dem-Wasser-Holen« von Fischen und die Schleuderbewegung über die Schulter überraschend früh zum Repertoire der Kätzchen gehören, und zwar ohne mütterliche Instruktionen. Kätzchen, denen man Gelegenheit gab, von ihrer fünften Lebenswoche an regelmäßig Fische zu fangen, wurden auch ohne die Anwesenheit ihrer Mutter im Alter von nur sieben Wochen zu erfolgreichen Anglern. So tut das spielende Kätzchen, wenn es einen Ball über die Schulter wirft, tatsächlich nur das, was es auch tun müßte, wenn es in der Nähe eines Weihers oder Flusses in der Wildnis aufgewachsen wäre.

WIE VERHALTEN SICH ALTE KATZEN?

Viele Katzenbesitzer merken gar nicht, daß ihre Katze schon ziemlich alt ist. Das liegt daran, daß Senilität wenig Einfluß auf den Appetit der Katze hat. Da sie weiterhin gierig und mit der üblichen Energie frißt, nimmt man an, sie sei immer noch jung. Aber es gibt bestimmte verräterische Zeichen des Alterns. Beim Springen und beim Putzen sind die ersten typischen Alterserscheinungen festzustellen, und zwar haben beide den gleichen Ursprung. Im Alter werden die Gelenke der Katze steifer, und das führt zu langsameren Bewegungen. Es wird für sie immer schwieriger, auf einen Stuhl, einen Tisch oder – außerhalb des Hauses – auf eine Mauer zu springen. Sehr alte Katzen muß man sogar auf ihren Lieblingssessel heben. Mit dem Verlust der Biegsamkeit des Körpers junger Katzen wird es für das ältere Tier auch immer schwieriger, den Nacken zu wenden, um die weniger gut erreichbaren Teile des Fells zu putzen. An diesen Körperstellen fängt das Fell nun an, struppig und ungepflegt auszusehen, und in diesem Stadium ist es eine große Hilfe, wenn der Besitzer bei der Fellpflege sanft nachhilft, auch wenn die Katze nicht schon in ihren früheren Tagen mit Kamm und Bürste behandelt wurde.

Doch nicht nur der Körper der älteren Katze wird starrer, sie wird es auch in ihren Gewohnheiten. Ihre tägliche Routine wird immer gleichförmiger, und Neuheiten, die sie früher vielleicht mit großem Interesse aufgenommen hätte, verursachen jetzt ernsthafte Probleme. Die Idee, ein junges Kätzchen zu kaufen, um die alte Katze aufzumuntern, bringt nichts. Es stört nur den Tagesrhythmus des älteren Tiers. Noch traumatischer verläuft ein Umzug für sie. Die freundlichste und schonendste Art, mit einer alten Katze umzugehen, besteht deshalb darin, soweit wie möglich an dem einmal eingeführten Tagesablauf festzuhalten, allerdings mit ein wenig physischer Unterstützung zusätzlich, wo sie erforderlich zu sein scheint.

Das Leben außerhalb des Hauses ist für eine alte Katze voller Gefahren. Auseinandersetzungen mit jüngeren Rivalen enden nun fast immer mit einer Niederlage für sie, deshalb ist es notwendig, eventuelle Verfolgungsjagden sorgfältig zu beobachten.

Glücklicherweise ereignen sich solche gravierenden Veränderungen im Leben der meisten Katzen erst sehr spät. Menschen leiden ungefähr das ganze letzte Drittel ihres Lebens unter Alterserscheinungen, bei Katzen ist es für gewöhnlich nur im letzten Zehntel der Fall. Die durchschnittliche Lebenserwartung liegt bei etwa zehn Jahren. Einige Katzenkenner setzen sie etwas höher an – bei etwa zwölf Jahren –, aber es ist nicht möglich, sie genau festzulegen, weil die Bedingungen der Katzenhaltung zu stark variieren. Die allgemeine Richtschnur sieht so aus: Ein normales Katzenleben dauert etwa neun bis fünfzehn Jahre; der altersbedingte Abbau sollte nur im letzten Lebensjahr spürbar sein.

Es gab schon viel Streit über das Rekordalter domestizierter Katzen, und erstaunliche Zahlen wurden genannt: zum Beispiel ein Alter von 43 Jahren. Die höchste gesicherte Lebensspanne eine Katze betrug jedoch 36 Jahre, und zwar handelte es sich um eine Tabbykatze namens Puss, die von 1903 bis 1939 lebte. (Tabby – in Züchtersprache Katze mit gestromter, getigerter, marmorierter oder scheckiger Fellzeichnung; *Anm. d. Red.*) Das ist sehr ungewöhnlich und extrem selten. Ernsthafte Bemühungen, über zwanzig Jahre alte Katzen in Großbritannien und den Vereinigten Staaten aufzuspüren, brachten nicht mehr als eine Handvoll glaubhafter Fälle ans Licht.

Einer der Gründe, weshalb es so schwierig ist, eine glaubhafte Rekordliste langlebiger Katzen aufzustellen, liegt darin, daß die meisten sorgfältig festgehaltenen Daten immer nur reinrassige Katzen betrafen, die viel kürzer leben als die freien Kreuzungen der Hauskatzen oder der Mischlinge.

Das liegt daran, daß die preisgekrönten und reinrassigen Katzen unter Inzucht leiden, was ihr Leben drastisch verkürzt. Die gewöhnlichen Hauskatzen dagegen erfreuen sich der üblichen Widerstandskraft der Hybridarten und eines gesteigerten körperlichen Durchsetzungsvermögens, wie es nur außerhalb der Zuchten vorkommt. Oft genug aber werden solche Katzen weniger gut behütet, so daß sie häufiger Katzenkämpfe auszufechten haben und eher vernachlässigt und falsch ernährt werden.

Das wiederum verkürzt ihre Lebenszeit. Eine Katze mit einer rekordbrechenden Lebensspanne hat deshalb mit höchster Wahrscheinlichkeit einen äußerst dubiosen Stammbaum, ist aber dennoch ein außerordentlich geliebtes und umsorgtes Hauskätzchen. Für ein solches Tier ist ein Lebensalter von fünfzehn oder zwanzig Jahren kein zu hochgestecktes Ziel.

Seltsam ist sicher auch, daß die Lebenserwartung der Katzen viel höher ist als die von Hunden. Der absolute Rekord für einen Hund liegt bei 29 Jahren, also sieben Jahre unter dem nachweislichen Höchstalter einer Katze. In Anbetracht dessen, daß größere Tiere im allgemeinen länger leben als kleine, muß man also sagen, daß hier eine Umkehr der Zahlen vorliegt.

Es gibt in dieser Beziehung auch noch eine Art Wiedergutmachung für Kater, die durch Kastration verstümmelt wurden, denn diese haben eine deutlich höhere Lebenserwartung als unkastrierte. Die Gründe dafür scheinen darin zu liegen, daß sie in weniger gefährliche Raufereien mit Rivalen verwickelt werden und daß sie auch in gewisser Weise gegenüber Infektionen widerstandsfähiger sind. Eine sorgfältige Studie ergab, daß kastrierte Kater eine um drei Jahre höhere Lebenserwartung haben als unkastrierte.

WARUM REISSEN KATZEN FÄDEN AUS DEM BEZUG IHRES LIEBLINGSSESSELS?

Die Antwort lautet gewöhnlich, daß die Tiere ihre Krallen schärfen wollen. Das ist richtig, aber nicht so, wie die meisten Menschen es sich vorstellen. Sie nehmen an, das Wetzen stumpf gewordener Krallen geschehe ungefähr so, wie sie selber ein stumpf gewordenes Messer behandeln. In Wirklichkeit geht es aber darum, alte, ausgediente Krallenhüllen abzustreifen, unter denen neue glänzende Krallen zum Vorschein kommen. Der Vorgang ähnelt mehr dem Sich-Häuten einer Schlange als dem Schärfen von Küchenmessern.

Manchmal findet man, wenn man mit der Hand über die Stelle streicht, an der die Katze an dem Möbelstück gekratzt hat, etwas, das man für eine ausgerissene Kralle halten könnte. Sie befürchten dann, daß Ihr Tier sich unglücklicherweise mit der Kralle in dem vielleicht zu unnachgiebigen Material verfangen und sich dabei die Pfote verletzt haben könnte. Aber die »ausgerissene Kralle« ist nichts weiter als die alte Außenhülle, die abgeworfen werden mußte.

Katzen vollführen dieses heftige Abstreifen nie mit der Hinterpfote, da nehmen sie die Zähne, um die alten Hüllen von den Krallen der Zehen an der Hinterpfote abzukauen.

Eine zweite wichtige Funktion des Abstreifens der Krallenhüllen an den Vorderpfoten ist das Trainieren und Kräftigen der Einzieh- und Ausstreckmechanismen der Krallen, die beim Beutefang, beim Kampf gegen Rivalen und beim Klettern von lebenswichtiger Bedeutung sind.

Eine dritte Funktion, die die meisten Menschen nicht einmal vermuten würden, ist die Duftmarkierung. Die Katze besitzt an der Unterseite der Vorderpfoten Duftdrüsen, die beim Kratzen kräftig an dem Bezug des Möbelstücks gerieben werden. Und deshalb ist es ausgerechnet unser Lieblingssessel, der die besondere Aufmerksamkeit unserer Katze erregt und »aushalten« muß.

Die Katze reagiert nämlich auf unseren Körpergeruch und möchte ihm ihren eigenen hinzufügen. Viele Menschen kaufen einen teuren Kratzbaum in der Zoohandlung, der sorgfältig mit einem für Katzennasen verführerischen Geruch imprägniert wurde, um ihn attraktiver zu machen, und sind dann bitter enttäuscht, wenn die Katze ihn bald ignoriert und weiterhin an den Möbeln kratzt. Wenn man ein altes getragenes Sweat-Shirt über den Kratzbaum hängt, ist das eventuell die Lösung des Problems.

Falls die Katze aber bereits einen bestimmten Sessel oder ein anderes Möbelstück zu ihrem Abstreifplatz erwählt hat, ist es außerordentlich schwer, ihre angestammten Gewohnheiten zu ändern.

In ihrer Ratlosigkeit greifen manche Katzenbesitzer auf die grausame Praxis zurück, den Katzen die Krallen zu entfernen. Abgesehen von den großen Schmerzen, die diese Prozedur der Katze bereitet, richtet sie auch psychisch schweren Schaden bei dem Tier an, denn es wird dadurch entscheidend beim Klettern behindert, was sich bei jeder Verfolgungsjagd verhängnisvoll auswirkt, ebenso beim Jagen und selbst in den Sozialbeziehungen der Katzen untereinander. Eine Katze ohne Krallen ist keine richtige Katze.

HABEN KATZEN ASW?

Viele Menschen glauben, dass Katzen über eine Art außersinnliche Wahrnehmung verfügen, aber das ist nicht der Fall. Es ist heute modern, alle rätselhaften Erscheinungen den Wirkungen übernatürlicher Kräfte zuzuschreiben, aber das resultiert nur aus der eigenen Unsicherheit oder Unkenntnis. Die wissenschaftliche Wahrheit ist oft viel faszinierender, aber der Drang, sie zu erforschen, wird im Keim erstickt, sofern wir einfach für jedes ungewöhnliche Ereignis eine Erklärung aus dem Mülleimer mystischer Kräfte zaubern.

Um mal eines zunächst klarzustellen: Der Begriff ASW ist ein Widerspruch in sich selbst. Alles, was wir wahrnehmen, ist per definitionem etwas, was auf eines unserer Sinnesorgane einwirkt. Deshalb können wir nichts, was außerhalb unserer Sinne liegt, wahrnehmen. Und deswegen kann es so etwas wie ASW auch nicht geben.

Wenn eine Katze etwas sehr Ungewöhnliches tut – ihren Heimweg über eine weite Entfernung findet, ein Erdbeben ankündigt oder die Rückkehr ihrer menschlichen »Pflegeeltern«, obwohl diese noch gar nicht zu Hause eingetroffen sind –, dann sollten wir uns bemühen herauszufinden, welche speziellen sensorischen Leistungen diese Fähigkeit ermöglichen. Solche Leistungen gleich mit ASW in Verbindung zu bringen ist unergiebig und langweilig, da das einfach jede weitere Frage im Keim erstickt. Da heißt es nur, die Katze besitze magische Fähigkeiten, und damit hat sich's. Ein sehr viel reizvollerer Ansporn ist der Gedanke, daß es für alles, was Katzen (oder Menschen) tun, eine logische, plausible Erklärung gibt, sobald wir erst herausbekommen haben, wie die betreffenden Wahrnehmungsmechanismen arbeiten.

Wenn wir zum Beispiel entdecken, daß Magneten, die an einer Katze befestigt werden, deren Heimfindevermögen beeinträchtigen, dann bekommen wir einen ersten, wenn auch immer noch vagen Eindruck davon, welch erstaunliche Fähigkeiten diese Tiere im Laufe der Zeit entwickelt haben. Wenn wir dann etwa noch entdecken, daß Katzen empfindlich auf sehr schwache Vibrationen oder Veränderungen im statischen Feld ihrer Umgebung reagieren, können wir uns auch vorstellen, warum sie fähig sind, Erdbeben anzukündigen. Und wenn wir erst einmal mehr über ihr Vermögen, Ultraschallaute wahrzunehmen, in Erfahrung gebracht haben, werden wir am Ende begreifen, wie sie »wissen« können, daß sich jemand aus einer größeren Entfernung nähert.

Das soll nicht heißen, daß wir irgendwann in naher Zukunft in der Lage sein werden, alles zu erklären, was Katzen tun. Dazu bedarf es wohl einer viel weiter fortgeschrittenen Technologie. Aber letzten Endes sollte es doch möglich sein, und dann werden die »geheimnisvollen Katzen« nicht länger geheimnisvoll sein. Und falls dies einmal der Fall sein sollte, wird die Katze gerade aufgrund unserer detaillierten Kenntnisse ihrer Fähigkeiten noch viel faszinierender für uns sein als je zuvor. Etwas zu erklären bedeutet nicht, es damit aus der Welt zu schaffen, etwas zu verstehen nicht, seinen Wert geringer zu schätzen.

Die ASW-Befürworter werden auf all das erwidern, daß es ein bestimmtes Phänomen gibt, das ohne den Rückgriff auf eine Art telepathischer Kommunikation zwischen dem menschlichen Besitzer und seiner verlorengegangenen Katze nicht erklärbar ist. Es handelt sich dabei um die sogenannte »psychische Spurenaufnahme«, die bisweilen zu beobachten ist, wenn eine von ihrem Besitzer anläßlich eines Umzugs zurückgelassene Katze diesem bis zu seinem neuen Wohnort folgt. Es gibt Fälle, in denen Katzenhalter ehrlich glauben, daß ihre Katze ihnen aufgrund besonderer mystischer Fähigkeiten über eine manchmal Tausende von Kilometern weite Strecke gefolgt ist. Die betreffenden Katzen haben nachweislich niemals in der Nähe des neuen Wohnortes ihrer »treulosen« Halter gelebt. Und doch tauchen sie plötzlich vor der neuen Wohnung auf und mauzen ihre verblüfften Besitzer an. Manchmal können zwischen dem Umzug des Katzenhalters und dem Wiederauftauchen seines Tieres in einer völlig anderen Gegend bis zu zwei Jahre verstreichen. Wenn uns jemand dieses Phänomen erklären kann, sagen die Anhänger der ASW, werden wir uns von unseren Vorstellungen distanzieren.

Falls die Ansicht der ASW-Anhänger wahr wäre, läge ein beachtliches telepathisches Phänomen vor, aber leider gibt es im allgemeinen eine ganz einfache Erklärung. Die Welt ist voll streunender Katzen, und viele von ihnen sind auf der Suche nach einem neuen Heim. Jeder, der ohne Katze in einem Haus lebt, wird mit großer Wahrscheinlichkeit früher oder später einmal von einer streunenden Katze besucht. Es gibt nur eine bestimmte Anzahl verschiedener Fellfarben und -zeichnungen bei Hauskatzen. Wenn die Familienkatze also eine Tabby war oder eine Schwarze mit einem weißen Fleck auf der Brust, so ist durchaus zu verstehen, daß die ehemaligen Halter eines solchen Tieres in der beschriebenen Situation tatsächlich glauben, ihr lange verloren geglaubter Freund habe endlich seinen Weg nach Hause gefunden. Ein einfaches Experiment beweist, daß es mit den mystischen Fähigkeiten der Katze nicht so weit her ist. Nehmen Sie eine Katze und setzen Sie sie in einen Raum, der durch mehrere Türen zu betreten ist. Sorgen Sie nun dafür, daß hinter jeder dieser Türen eine andere Person Wartestellung bezieht. Achten Sie dann darauf, ob die Katze auf die Tür zugeht, hinter der sich ihre »Bezugsperson« verbirgt, und den anderen Türen keinerlei Beachtung schenkt. Wenn man dieses Experiment streng wissenschaftlich durchführt, lassen sich telepathische Fähigkeiten nicht nachweisen. Deshalb wird dieser einfache Test im allgemeinen von den ASW-Enthusiasten gemieden, die der romantischen Idee den Vorzug geben, daß die Katze über mystische Fähigkeiten verfügt.

WANN WURDEN DIE ERSTEN KATZEN DOMESTIZIERT?

In den meisten Katzenbüchern heisst es, die Domestikation der Katze habe vor etwa 3500 bis 4500 Jahren stattgefunden. Das liegt daran, daß wir aus der ägyptischen Kunst ziemlich genau wissen, daß bereits zu jener Zeit Katzen von Menschen gehalten wurden. Man nimmt an, daß es ursprünglich die großen Getreidelager der Ägypter waren, welche die Wildkatzen zu den Menschen hinzogen. In diesen Lagern wimmelte es von Ratten und Mäusen, und die Katzen kamen, um sich gütlich zu tun an den schädlichen Nagetieren, wodurch sie sich dem ägyptischen Volk bestens empfahlen. Aber heute gibt es neue Indizien, die dafür sprechen, daß wir unsere Vorstellung von dem ersten engen Bündnis zwischen Mensch und Katze neu überdenken müssen.

Die Begegnung zwischen Mensch und Katze im alten Ägypten hat zwar zweifelsfrei stattgefunden, aber offenbar erst in einer ziemlich späten Domestikationsphase. Tatsächlich scheint sich schon einige tausend Jahre früher eine Beziehung zwischen Mensch und Katze entwickelt zu haben, und wir können heute mit ziemlicher Gewißheit behaupten, daß die Katze vor mindestens achttausend Jahren domestiziert worden ist.

Das vorliegende Beweisstück ist dürftig – nicht mehr als der Kieferknochen einer Katze –, aber aus einem ganz bestimmten Grund überzeugend. Dieser Kieferknochen wurde 1983 von Alain le Brun bei Ausgrabungsarbeiten in der neolithischen Siedlung Khirokitia im südlichen Zypern entdeckt und auf 6000 v. Chr. datiert. Die Bedeutung des Fundes auf Zypern liegt darin, daß es auf dieser Insel keine Wildkatzen gibt, und das heißt, daß das Tier von frühen menschlichen Besiedlern der Insel mitgebracht worden sein muß. Wir wissen, daß sie auch andere domestizierte Tiere mit sich führten, deshalb ist es ganz undenkbar, daß sie eine Wildkatze vom Festland herübergebracht haben sollten. Eine fauchende, kratzende, von Panik ergriffene Wildkatze wäre wohl die letzte Begleiterin gewesen, die sie sich auf ihrem Boot gewünscht hätten. Nur zahme Haustiere können überhaupt Teil der beweglichen Habe jener frühen Pioniergruppen gewesen sein, die in See stachen, um auf einer Insel eine neue Heimat zu finden.

Deshalb scheint es fast sicher zu sein, daß Katzen auf dem nahegelegenen Festland schon um 6000 v. Chr. gezähmt und domestiziert gewesen sind, und wir sollten darüber nicht allzusehr erstaunt sein. In einigen Teilen des Nahen und Mittleren Ostens waren die Menschen bereits mindestens tausend Jahre vor diesem Zeitpunkt von der Lebensform des Jägers zum Ackerbau übergegangen, und zu dieser Zeit war sowohl die Ziege als auch das Schaf bereits domestiziert. Man baute schon Getreide an, was Mäuse und Ratten in großer Zahl in die Nähe der menschlichen Behausungen gelockt haben dürfte. Und aus eben diesem Grund waren bereits damals die Katzen aufgrund ihrer besonderen Jagdqualitäten als Hausgenossen sehr begehrt. Tatsächlich wurden beispielsweise bei Grabungen in der uralten Siedlung Jericho in einer 9000 Jahre alten Schicht Katzenknochen gefunden, aber in solchen Fällen bereitet die Zuordnung doch einige Schwierigkeiten. Es gab schließlich überall Wildkatzen, die in der Nähe menschlicher Siedlungen lebten, und die frühen Einwohner von Jericho können diese Wildkatze auch in Fallen gefangen oder erjagt haben, um sie aufzuessen. Die Knochen allein verraten keinerlei Anzeichen von Zähmung oder Domestikation. Mit dem unlängst auf Zypern gefundenen Knochen ist es anders, er hat viel mehr Beweiskraft: Sorgfältige Untersuchungen seiner Proportionen haben ergeben, daß er zu genau der gleichen Spezies von Katzen gehört, die später in Ägypten gezüchtet wurden. Deshalb ist die Katze allem Anschein nach nicht eines unserer jüngsten Haustiere, sondern eines der ältesten. Und wer weiß, vielleicht werden wir in Zukunft weitere Beweisstücke aus einer noch früheren Zeit finden, die die Domestizierung der Katze zurückdatieren bis zum Beginn des Neolithikums vor einigen zehntausend Jahren.

WIE STARK HAT DIE DOMESTIZIERUNG DIE KATZE VERÄNDERT?

Nur wenig. Im Unterschied zum domestizierten Hund ist die Hauskatze im wesentlichen ihren Vorfahren treu geblieben. In Körperbau und Verhalten hat sie ihre Ähnlichkeit mit der afrikanischen Wildkatze bewahrt, aus der sie sich im Laufe der Jahrtausende im Vorderen Orient entwickelt hat.

Die meisten Veränderungen, die sich seither ergeben haben, sind rein äußerlicher Art. Die Farbe des Fells hat sich geändert, ebenso die Fellänge, doch im Grunde ist selbst die verhätschelte und verzärtelte Zuchtkatze mit langem Stammbaum der räuberische Schädlingsvertilger geblieben, der schon die Kornspeicher der alten Ägypter bewacht hatte.

Zu den wenigen bedeutsamen Veränderungen zählt eine Vermehrung der Fortpflanzungszyklen bei der domestizierten Katze. Die heutigen Hauskatzen können jährlich dreimal werfen, eine Wildkatze hingegen hat nur einen Wurf, im Frühjahr. Diese Verdreifachung des Fortpflanzungszyklus ist die Hauptursache dafür, daß die Zahl der Katzen in modernen Großstädten so dramatisch zunimmt.

Eine zweite Veränderung ist die etwas geringere Körpergröße der Hauskatze gegenüber ihren wildlebenden Artgenossen. Ob dahinter eine Vorliebe der ersten Katzenhalter steckt, die ihre neuen Tiergefährten möglichst leicht handhaben wollten, oder ob der kleinere Wuchs das Ergebnis von Inzucht ist, läßt sich schwer feststellen; Tatsache bleibt, daß dies ein Charakteristikum in der Entwicklungsgeschichte der Domestizierung von Katzen ist.

Drittens sind moderne Hauskatzen etwas »kindlicher« als ihre wilden Vorfahren. Dies ist vermutlich das Ergebnis unbeabsichtigter Selektion der Katzenhalter im Laufe der Jahrhunderte. Tiere, die noch im erwachsenen Stadium verspielt sind, gefallen uns einfach besser, also geben wir ihnen den Vorzug. Für sie entscheiden wir uns auch bei der Züchtung. Sie zeichnen sich durch zweierlei aus: Zum einen sind sie als Gefährten attraktiver, zum anderen sind sie leichter unter Kontrolle zu halten. Durch ihre »Kindlichkeit« sind sie eher bereit, ihre menschlichen Besitzer als Adoptiveltern anzusehen. Das bedeutet, daß sie auch dann noch ihr menschliches Zuhause als ihr »Nest« betrachten, wenn sie keine Katzenkinder mehr sind. Und dies bedeutet, daß sie nach jedem ihrer Streifzüge wieder die Zuwendung ihres menschlichen Besitzers suchen.

Weniger »kindliche« Katzen verlassen viel eher ihr Zuhause und suchen sich ein neues Territorium als Revier. Genau dies tun Wildkatzen, sobald sie erwachsen werden. Hauskätzchen hingegen müssen zu Hause bleiben und ihr Erwachsenendasein sozusagen als gespaltene Persönlichkeit leben, einerseits in der Rolle des Zuchttiers und Mäusejägers, zum anderen als Schmusekätzchen für ihre menschliche Familie. Dieser Prozeß hat sich in den letzten Jahren noch verstärkt, da die Bedeutung der Katzen als Haustiere zu- und ihre Bedeutung als Schädlingsvertilger abgenommen hat. Die moderne Katze, die in der Umgebung von Menschen aufwächst, muß sich vielerlei Belästigung gefallen lassen. Unablässig greifen Hände nach ihr, um sie zu streicheln und zu liebkosen. Dies wird nur das Katzenkind, das in der erwachsenen Katze steckt, über sich ergehen lassen. Man kann wohl mit einigem Recht behaupten, daß die einzig bedeutsame Veränderung, die die Katze im Laufe der achttausend Jahre seit ihrer Domestizierung durchgemacht hat, die Herausbildung dieses infantil-erwachsenen Typus darstellt.

Trotzdem ist die Katze äußerst wandelbar und kann sich urplötzlich von einem zahmen in ein wildes Tier verwandeln. Wenn eine Hauskatze, die sich dem menschlichen Schutzraum entzieht, Junge bekommt, werden diese so ungezähmt wie echte Wildkatzen aufwachsen. Eine Bauernkatze, die in den ersten Lebenswochen kein menschliches Wesen gesehen hat, wird zu einem fauchenden Ungeheuer, wenn man sie als halbwüchsige Katze in Bedrängnis bringt. Man braucht viel Geduld, um aus einer solchen Katze ein freundliches erwachsenes Tier zu machen. Eine Katze hat also immer zwei Seiten: Sie kann ein verspieltes Hauskätzchen sein, sich aber, wenn sich die Bedingungen verändern, blitzschnell in eine mörderische Wildkatze verwandeln. Kein Wunder also, daß sie in den vergangenen Jahrtausenden so erfolgreich gewesen ist.

WELCHEN URSPRUNG HAT DIE TABBYKATZE?

Die Tabbykatze hat die von allen domestizierten Katzen am weitesten verbreitete Farbgebung. Ihre Geschichte ist sehr bewegt, und um diese zu verstehen, ist es notwendig, die Uhr um achttausend Jahre zurückzudrehen, zu dem Augenblick, da die Katze im Mittleren Osten domestiziert wurde.

Die Katze, von der unsere domestizierten Tiere abstammen, ist die Afrikanische Wildkatze. Trotz ihres Namens findet man sie in sehr vielen warmen Ländern, nicht nur in den meisten afrikanischen Regionen, sondern auch auf den Mittelmeerinseln Mallorca, Korsika, Sardinien, Sizilien und Kreta. Sie ist außerdem in Arabien und im Nahen und Mittleren Osten verbreitet, bis hin nach Indien und Turkestan. Im Norden nimmt die Europäische Wildkatze ihren Platz ein, deren Heimat von Portugal und England im Westen bis nach Rußland im Osten reicht. Zusammen bilden beide jene Spezies, die in der Fachsprache *felis sylvestris* genannt wird.

Die Unterschiede zwischen diesen beiden Rassen von Wildkatzen legen den Gedanken nahe, daß es die afrikanische Katze war, von der ursprünglich unsere domestizierte Katze abstammt. Die Europäische Wildkatze ist zu massiv, sie hat einen breiten Kopf und einen kurzen, buschigen Schwanz, der mit seiner abgerundeten Spitze stumpf endet. Sie ist außerordentlich schwer zu zähmen und scheu. Wenn sie in die Enge getrieben wird, reagiert sie äußerst wild. Diese Eigenschaften lassen vermuten, daß sie für die Menschen der Frühzeit sehr schwer zu domestizieren gewesen wäre.

Die Afrikanische Wildkatze hat, obwohl sie größer ist als die moderne Hauskatze, einen weniger stämmigen Körper als die Europäische Wildkatze, mit einem Gesamtumriß, der dem unserer vertrauten Hauskatze wesentlich ähnlicher ist. Ihr Kopf ist schmaler und ihr Schwanz weniger buschig. Vor allem lebt sie viel weniger zurückgezogen als die europäische Rasse und nähert sich oft menschlichen Ansiedlungen auf der Suche nach Nagetieren, die dort in großer Menge vorhanden sind.

Ein Reisender der Viktorianischen Zeit hat berichtet, daß er diese Katzen fangen und in der Nähe seiner Nahrungsvorräte anbinden konnte, damit sie die Ratten in Schach hielten. Er behauptete, daß sie sich rasch an das Leben in der Gefangenschaft gewöhnten und nützliche Schädlingsbekämpfer wurden. Wenn von der einheimischen Bevölkerung junge Kätzchen eingefangen wurden, so wurden diese, wie es heißt, sehr schnell zahm.

Diese Charaktereigenschaften stellten einen gravierenden Kontrast dar zu der fauchenden Wut der Europäischen Wildkatze. Man kann sich leicht vorstellen, wie die frühen Bewohner des Nahen Ostens und besonders die alten Ägypter diese afrikanische Rasse zu ihrem domestizierten Partner gemacht haben, und es besteht wenig Zweifel, daß genau das geschah, wobei die nördlichere europäische Rasse im Anfangsstadium wohl kaum eine Rolle spielte.

Das Fellmuster beider, der europäischen und der afrikanischen Rasse, läßt sich am besten als eine schwache oder ausgewaschene Tabbyzeichnung beschreiben. Das Muster ist vorhanden, aber nicht besonders kräftig ausgeprägt. So hat zweifellos die ursprüngliche Hauskatze ausgesehen, und Fresken bestätigen, daß die ägyptische Katze vor drei- oder viertausend Jahren ein leichtes oder gebrochenes Streifenmuster besaß. Wie also ist das voll entwickelte Tabbymuster entstanden?

Die Antwort scheint zu sein, daß wir es den Römern verdanken. Die alten Ägypter hatten jahrhundertelang versucht, den Export ihrer heiligen Katzen zu verhindern. Aber die phönizischen Kaufleute waren sattsam bekannt für ihre dunklen Geschäfte im ganzen Mittelmeerraum, und wenn es eine kostbare Ware gab, für die sich ein Markt finden ließ, war nichts in der Lage, sie am Handel damit zu hindern. So fanden einzelne Katzen bald ihren Weg aus Ägypten heraus und wurden auf Schleichwegen nach Griechenland und später auch nach Rom geschmuggelt. Von dort aus breiteten sie sich über ganz Europa aus, als das römische Imperium anfing, sich auszudehnen.

Im Verlauf dieser Entwicklung begegneten diese frühen Katzen, die überall die Schädlinge vertilgten, der Europäischen Wildkatze und kreuzten sich mit ihr. Das Ergebnis dieser Zufuhr von europäischem Blut war die erste voll ausgeprägte Tabbykatze. Seither haben Tests gezeigt, daß bei Kreuzungen der Europäischen und Afrikanischen Wildkatze, die beide nur eine schwache Tabbyzeichnung aufweisen, die Mischlingskätzchen ein Fellmuster entwickeln, das der Tabbyzeichnung moderner domestizierter Katzen sehr viel näherkommt als den entsprechenden Charakteristika eines der beiden Elternteile. So, scheint es, hat die Geschichte der Tabbykatzen ihren Anfang genommen.

Die ersten Katzen dieses Typus waren, wie wir heute sagen würden, gestreifte oder getupfte Tabbykatzen, deren Körper mit einem dunklen Linienmuster bedeckt waren. Einige dieser Linien brachen sich, so daß Tupfen oder Flecke entstanden, aber der Gesamteindruck war der von Tigerstreifen. Zunächst war dies das einzige derartige Fellmuster, das überhaupt existierte, dann jedoch entstand eine neue Mutation. Eine gestromte Tabbykatze erschien auf der Szene.

Bei diesem Tier waren die typischen Kennzeichen viel deutlicher und viel komplexer ausgebildet,. Das enge Streifenmuster überlebte nur in bestimmten Gebieten. Man nimmt an, daß die gestromte Tabbykatze zur Zeit der Königin Elisabeth I. zuerst in England auftrat. Es war die Zeit der großen britischen Expansion, und man glaubt, daß die Tiere als Schiffskatzen von den Britischen Inseln aus in kurzer Zeit über

den ganzen Globus Verbreitung fanden. Mit der Ausdehnung des britischen Empire in Viktorianischer Zeit wurden sie noch weiter verstreut.

Bis heute allerdings verstehen wir nicht ganz, wieso die gestromte Tabbykatze eigentlich der Sieger war. Vielleicht ist das Gen für dieses Muster mit einer ungewöhnlichen Selbstbehauptungskraft verbunden, was dazu führte, daß es diesen Katzen rasch gelang, die meisten anderen Farbgebungen zu verdrängen, wann immer es zu Auseinandersetzungen wegen territorialer Ansprüche oder wegen der Weibchen kam. Vielleicht sind sie einfach gesünder, widerstandsfähiger oder fruchtbarer. Was immer der Grund sein mag, dieses neue Muster setzte sich durch. Das Vorkommen des älteren Typus der gestreiften Tabbykatze nahm rapide ab. Inzwischen ist er ziemlich selten geworden, während die gestromte Tabbykatze, die ein bekannter Autor übrigens einmal – sicher nicht ganz unberechtigt – »die Katze des britischen Empire« nannte, heute am meisten verbreitet ist.

WIE VERLOR DIE MANXKATZE IHREN SCHWANZ?

Die schwanzlose Manxkatze ist eine der ältesten bekannten Zuchtkatzen, sie tauchte bereits vor mindestens vierhundert Jahren auf der Isle of Man auf. Der Legende zufolge verlor sie ihren Schwanz, weil sie das letzte Tier war, das die Arche Noah betrat. Weil die Sintflut in diesem Augenblick einsetzte, warf Noah die Tür der Arche in solcher Eile zu, daß er versehentlich den schönen, buschigen Schwanz der Katze dabei abtrennte.

In Wirklichkeit ist die Schwanzlosigkeit eine ziemlich gravierende genetische Mißbildung, die mit einer vom selben Gen verursachten Deformation der übrigen Wirbelsäule einhergeht, die sich darin zeigt, daß das Rückgrat dieser Katze aus vergleichsweise weniger und kürzeren Wirbeln besteht, als dies sonst der Fall ist. In schweren Fällen entstehen infolgedessen Spaltwirbel (*spina bifida*). Auch sind infolge dieser Mißbildung die Vorderbeine außergewöhnlich kurz, die Hinterbeine übertrieben lang. Ferner ist der After dieser Katze anomal klein, so daß sie wie ein Kaninchen hoppelt und unter Verstopfung leidet.

Auch ein gleichsam tödlicher Faktor ist in dem Manx-Gen enthalten. Wenn zwei schwanzlose Manxkatzen sich paaren, sind die Jungen so deformiert, daß sie fast immer schon vor der Geburt sterben. Deshalb werden Manxkätzchen in der Regel durch Kreuzung einer Manxkatze mit Schwanz und einer ohne Schwanz erzeugt. So entstehen Würfe, in denen einige *rumpys* (mit überhaupt keinem Schwanz), einige *rumpy-risers* (mit einem knopfartigen Schwanz), einige *stumpys* oder *stubbys* (mit sehr kurzem Schwanz) und einige *longys* (mit fast normal langem Schwanz) vereint sind.

Unter Katzenfreunden gibt es heiße Debatten über die Frage, wie die Manxkatze zuerst auf die Insel Man kam. Eine besonders beliebte Geschichte besagt, daß sie durch phönizische Kaufleute vor Tausenden von Jahren aus Japan mitgebracht wurde. Diese Geschichte basiert auf der Existenz einer fast schwanzlosen Katze, die man in Japan entdeckt hat – der Japanischen Bobtail. Doch die Gene, die die Schwanzreduktion hervorrufen, sind in beiden Fällen völlig verschieden – womit diese Theorie hinfällig wird.

Ein zweites Szenario entwirft uns das Bild einer fröhlich an die Küste schwimmenden Manxkatze, die von einem spanischen Schiff der berühmten Armada gekommen sein soll, als dies sich im Jahre 1588 auf der Flucht vor der englischen Flotte befand. Der Kapitän dieses Schiffes, so heißt es, rammte mit seinem Schiff einen Felsen, der heute der Spanische Fels genannt wird, und eine oder mehrere schwanzlose Katzen, die der Kapitän irgendwo im Nahen Osten erworben haben soll, kletterten auf diesen Felsen, um sich in Sicherheit zu bringen.

Während alle Welt darüber rätselt, wie diese Tiere zuerst auf die Insel Man gelangt sind – Geschichten von schwanzlosen Katzen wurden in so weit voneinander entfernten Ländern wie Rußland, Malaysia und China entdeckt, und jede führte sogleich zu neuen Theorien –, scheint niemand auf den Gedanken gekommen zu sein, daß die Gene, die die Ursache der Schwanzlosigkeit sind, zuerst auf der Insel Man selbst aufgetreten sein könnten. Immer wieder kommt es irgendwo auf der Welt zu plötzlichen Mutationen, und auf der kleinen Insel zwischen Irland und England kann dies ebenso geschehen wie woanders.

Anmerkung: Nach Beendigung der englischen Originalausgabe dieses Buches wurde mir von seiten verschiedener Manxkatzen-Spezialisten mitgeteilt, daß die genetisch bedingten Defekte dieser Rasse durch sorgfältige Zuchtauslese weitgehend behoben werden konnten, ohne daß die Rasse ihre einmalige Schwanzlosigkeit verlor. Wenn das der Fall ist, sieht die Zukunft für diese faszinierende alte Katzenart erfreulich aus.

WARUM STAMMEN SO VIELE ZUCHTKATZENRASSEN AUS ASIEN?

WENN MAN HEUTE EINE GROSSE Katzenausstellung besucht, stellt man fest, daß dort fast immer mehr als fünfzig Zuchtkatzenrassen vorgeführt werden – und außerdem noch viele verschiedene Farbschläge und »Unterarten«, Nebenlinien, die uns hier jedoch nicht weiter zu kümmern brauchen.

Die Überprüfung des Ursprungslandes jeder dieser Zuchtrassen bringt eine seltsame Verteilung zutage. Obgleich Europa die ursprüngliche Heimat der Katzenausstellungen und der miteinander im Wettbewerb stehenden kontrollierten Zuchten ist, stammen verhältnismäßig wenige der fünfzig wichtigsten Katzenrassen aus diesem Teil der Welt. Die meisten alten Zuchten kommen aus dem Orient. Bevor wir uns fragen, warum das so ist, hier eine Zusammenfassung der Fakten: Europa hat die Britische Kurzhaarkatze aufzuweisen und ihren französischen Gegenpart, die Kartäuserkatze, außerdem die große Norwegische Waldkatze und die berühmte schwanzlose Manxkatze von der Insel Man. Seit kurzem erst, seit den fünfziger und sechziger Jahren unseres Jahrhunderts, gibt es noch die Rexkatze und die Schottische Faltohrkatze und seit noch kürzerer Zeit die Somalia und die Burmilla, obwohl diese beiden im Grunde wenig mehr sind als Kreuzungsprodukte. Und das ist es auch schon.

Der Osten hingegen hat uns die langhaarige Perserkatze geschenkt, die im 16. Jahrhundert aus dem Iran kam, die seidige Angorakatze aus der Türkei, die etwa zur gleichen Zeit bekannt wurde (als Ankara noch Angora genannt wurde), und die exotische, langbeinige Siamkatze, die im 17. Jahrhundert aus Thailand kam. Andere orientalische Zuchten sind die Birma- und die Burmakatze, die türkische Vankatze, die Japanische Bobtail, die Ägyptische Maukatze, die Abessinierkatze aus dem heutigen Äthiopien, die Russisch Blau, die Singapura aus Singapur und die Koratkatze aus Thailand.

Wenn wir die erst kürzlich auf den Plan getretenen Zuchten einmal außer acht lassen, so ist es eindeutig, daß früher, als die Katzenausstellungen gerade ihren Anfang nahmen, fast alle großen reinrassigen Zuchtlinien aus dem Nahen, Mittleren oder Fernen Osten stammten, während der Westen hinsichtlich der Vielfalt der Rassen weit zurücklag. Die Ursache für diese Armut an bodenständigen Rassen haben wir in dem Umstand zu sehen, daß die langen Jahrhunderte der Katzenverfolgungen in Europa durch die christliche Kirche die Wertschätzung dieser Tiere im Westen auf einen Tiefpunkt gedrückt hatten. Schlimmstenfalls betrachtete man sie als Teufel und bestenfalls gerade noch als nützliche Ungeziefervertilger. Erst in der Viktorianischen Zeit wurde die Katze dank der Sentimentalität dieser Epoche allmählich wieder beliebter. Den Höhepunkt dieses Stimmungsumschwungs stellte die Veranstaltung der ersten Katzenausstellung dar, die 1871 im Londoner Kristallpalast stattfand. Dort gab es fünfundzwanzig verschiedene Klassen, und die Tiere waren nur ganz grob in »östliche« und »britische« unterteilt. In den folgenden Jahren verdrängten die exotischen Katzen aus dem Osten schrittweise die weniger aufregenden englischen Katzen und wurden die gefragten Favoriten, sehr zum Leidwesen der britischen Veranstalter.

Der große Vorsprung der orientalischen Katzenzucht lag darin begründet, daß die Katze in den betreffenden Gesellschaften einen wesentlich höheren Status innehatte, sogar für heilig gehalten und verehrt wurde. Die Rassen waren den europäischen Hexenjagden entgangen und hatten im Leben der Völker Asiens eine vollkommen andere Wertigkeit als bei uns. Unter den günstigeren Bedingungen ihrer Vergangenheit hatten sich die Tiere zu außerordentlich schönen und eindrucksvollen Zuchtkatzen entwickelt, die auf die Besucher der frühen Katzenausstellungen einen starken Eindruck machten. Selbst die allerbeste englische Tabbykatze war zu jener Zeit im Wettbewerb mit so auffallenden Tieren schwer benachteiligt.

Hätte Europa nicht so lange Zeit unter religiöser Verfolgung und Grausamkeit zu leiden gehabt, so hätten sich vermutlich auch die bei uns heimischen Katzen besser entwickelt und wären imstande gewesen, mit den extravaganten Exoten zu konkurrieren. Aber so hatten nur wenige heimische Züchter überhaupt besondere Zuchtversuche unternommen, um die europäische Rasse zu verbessern, und es lag nun bei den westlichen Züchtern, mit ihren Tieren gegenüber den seit langem etablierten und hochgezüchteten orientalischen Rivalen einigermaßen Schritt zu halten.

In den vergangenen Jahrzehnten sind vor allem auf dem nordamerikanischen Kontinent neue Züchtungen gelungen. Katzen, die aus den Vereinigten Staaten und Kanada stammen, sind beispielsweise: die Pekinesengesicht-Katze, die Ragdoll-Katze, die Amerikanische Kurzhaarkatze, die Maine Coon, die Balinesin, die Snowshoe-Katze, die Braune Havana, die Ozikatze, die Malayakatze, die Tonkinesin, die Bombaykatze, die Drahthaarkatze und die ausgefallene Sphynxkatze. Trotz ihrer oft östlichen Namen sind alle diese Tiere westliche Züchtungen, und sie wurden fast sämtlich speziell für den Wettbewerb auf Katzenausstellungen entwickelt.

Afrika, Südamerika und Australien haben zur Züchtung von Rassekatzen nur wenig oder gar nichts beigetragen. Und Europa mit seiner für Katzen unerfreulichen Vergangenheit hat weit weniger als seinen gebührenden Anteil geliefert. Im allgemeinen haben wir dem Orient für die frühen Zuchten zu danken und Nordamerika für die späten.

WIE BEEINFLUSST DIE TEMPERATUR DIE FARBE DES KATZENFELLS?

WENN WIR DAS FELL EINER KATZE betrachten, sehen wir dessen Farbe automatisch als ein von ihren Eltern ererbtes Merkmal an. Für uns ist die Fellfärbung ein einmal festgelegtes Merkmal, das unbeeinflußt bleibt von Veränderungen in der Umgebung des Tieres. Wir denken etwa: »Als schwarze Katze geboren, immer eine schwarze Katze« oder: »Als Sealpoint geboren, immer ein Sealpoint.« Daher ist es recht überraschend festzustellen, daß eben dies nicht immer der Fall ist. Bei einer großen Gruppe von Katzen – den Siamesen – hängt die Farbgebung der Tiere von der Temperatur ab, in der sie leben.

Wenn ein Siamkätzchen geboren wird, ist sein Fell ganz weiß. Wenn es dann heranwächst, ändert sich diese Grundfarbe. Dunkle Pigmente erscheinen auf der Nasenspitze, um die Ohren, an der äußersten Schwanzspitze und an den Ballen der Pfoten. Diese dunkler werdenden Ausläufer oder »Points« dehnen sich dann langsam aus, wenn die junge Katze die körperliche Reife erlangt, und am Ende des ersten Lebensjahres hat das Fell der Siamkatze bereits seine Erwachsenenzeichnung, wobei die Farbe der Nase sich fast auf das ganze Gesicht ausdehnt, die dunkle Umrandung der Ohren sich jetzt fast ganz über die Ohren ausbreitet, die Farbe der Schwanzspitze bis nahe an die Basis des Schwanzes reicht und das Pigment der Fußballen sich bis in halbe Beinhöhe erstreckt. An den Stellen, wo die dunklen Zonen auf den hellen Mittelteil des Körpers treffen, befindet sich eher eine sanfte Übergangszone als eine scharfe Grenzlinie.

Diese Farbgebung ist für das menschliche Auge außerordentlich attraktiv, und die meisten Menschen halten sie für eines der verschiedensten Fellmuster, die wir bei Katzen finden, wie etwa Tabby oder Schildpatt, aber diese Färbung entsteht auf eine völlig andere Art. Das zeigt sich, sobald ein Siamkätzchen in eine sehr kalte Umgebung verschlagen wird. Ein solches Tier, weiß geboren wie alle anderen, wird ganz auffällig dunkler, wenn es unter solchen Bedingungen heranwächst. Es bekommt also kein weißes Fell, das im Bereich der Extremitäten nachdunkelt, sondern es wird ganz und gar dunkel. Andere Siamkätzchen, die in eine ungewöhnlich heiße Umgebung kommen, entwickeln ein rundherum helles Erwachsenenfell, dem die dunklen Abzeichen völlig fehlen.

Erklären lassen sich diese Unterschiede durch den Umstand, daß bei der Siamkatze eine niedrigere Hauttemperatur in erster Linie in der Unterwolle eine stärkere Pigmentierung verursacht. Deshalb ist das neugeborene, noch vom Körper der Mutter aufgewärmte Kätzchen vollkommen weiß. Wenn es dann in einer normalen, durchschnittlichen Temperatur heranwächst, bleibt der wärmere Bereich seines Körpers – die mittlere Rumpfgegend – hell, während die kühleren Extremitäten schrittweise dunkler werden. Der farbliche Unterschied zwischen, sagen wir, der Schwanzspitze und den weichen Flanken der Katze ist gerade groß genug, um das typische Zwei-Ton-Muster der Siamesen zu erzeugen. Tatsächlich ist das Fellmuster der Sealpoint-Katze so etwas Ähnliches wie eine Klimazonenkarte ihres Körpers, zeigt also die Verteilung der Körperwärme.

Interessanterweise hat es auch eine Auswirkung auf die Fellfarbe, wenn eine Siamkatze an einem Bein oder am Schwanz verletzt wird und der verwundete Körperteil während der Zeit der Heilung eine Bandage erhält. Den Haaren, die nun unter dem Verband heranwachsen, fehlt die Pigmentierung, weil die bandagierte Haut wärmer als üblich ist. Wird der Verband dann wieder abgenommen, so ist diese mangelnde Pigmentierung des Fells zunächst noch nicht zu erkennen. Die alten dunklen Haare haben natürlich ihre Farbe nicht verändert. Aber später, wenn die Haare, die unter dem Verband herangewachsen sind, ihre normale Länge erreichen und die alten Haare allmählich ersetzen, erscheint an der betreffenden Stelle überraschend ein weißer Fleck., Bei Hauskatzen kann dieses Phänomen leicht irritierend wirken, da die weißen Haare die ausgewogene Balance des charakteristischen siamesischen Sealpoint-Musters stören, für Zuchtkatzen allerdings, die sich auf Wettbewerben der Konkurrenz stellen müssen, ist ein solcher weißer Fleck geradezu verhängnisvoll, denn er kann sie um jegliche Chance einer Auszeichnung bringen. Ihre Wettbewerbschancen steigen erst wieder, wenn die betreffende Stelle vollständig nachgedunkelt ist.

Manchmal entwickeln siamesische Katzen aber auch helle Farbflecke, ohne daß es zuvor an den betreffenden Stellen zu einer Verletzung gekommen wäre. Solche Flecken deuten darauf hin, daß das Tier eine mit einer Temperaturerhöhung einhergehende Krankheit durchgemacht hat, ein längeres Fieber oder möglicherweise auch eine Art Schock oder Trauma.

Aus diesen Gründen sollte man Siamkatzen möglichst ruhig und gesundheitsbewußt halten, um ihr schönes Sealpoint-Farbmuster vor Verunzierungen zu bewahren. Doch sogar bei gesunden Siamkatzen gibt es hin und wieder ein Problem, und zwar vor allem für die hochgezüchtete Wettbewerbskatze, weil die generelle Körpertemperatur der Tiere mit zunehmendem Alter allmählich absinkt. Und dies wiederum bewirkt, daß das Körperfell nach und nach ein wenig dunkler wird. Die Folge ist, daß die »Karriere« eines siamesischen »Champions« im allgemeinen schon nach drei, vier Jahren vorüber ist, da die heißblütigen jüngeren Tiere die älteren ausstechen.

WELCHE KATZEN SIND DIE RIESEN BEZIEHUNGSWEISE DIE ZWERGE DIESER TIERART?

Die Grössenunterschiede zwischen den verschiedenen Hauskatzenarten sind viel geringer als die bei den Haushunden. Hunde wurden für viele unterschiedliche Aufgaben gezüchtet, daher reicht ihre Größenskala von den mächtigen Wach- und Kampfhunden bis hin zu den kleinen Schoßhunden. Die Katze aber hat innerhalb der langen Geschichte ihrer Domestikation nur eine Hauptaufgabe zu erfüllen gehabt, und das ist das Töten von Schädlingen. Deshalb hat sich ihre Größe im Laufe der Zeit nur wenig verändert.

Deshalb sind weder die Riesen noch die Zwerge der Katzenwelt besonders eindrucksvoll. Es gibt sie jedoch, weil sich die verschiedenen Arten von Zuchtkatzen an ihre klimatischen Lebensbedingungen angepaßt haben. Und ebenso wie bei anderen Tieren ist auch der Körper der Katze um so größer, je kälter das Klima ist, in dem sie lebt. Die nordeuropäischen Katzen müßten folglich größer sein als ihre »Vettern« in den Tropen. Und genau das ist auch der Fall. Die britische Kurzhaarkatze, die von Vorfahren abstammt, die darum kämpften, in dem rauhen Klima ihrer Heimatinsel zu überleben, ist stämmiger und robuster und viel massiver gebaut als, sagen wir, die zierliche Siamesin aus der dampfenden Hitze von Bangkok. Voll ausgewachsene Kater dieser beiden grundverschiedenen Rassen wiegen ungefähr elf beziehungsweise acht Pfund.

Das Gewicht der typischen Hauskatze liegt zwischen diesen beiden Extremen, ein Kater wiegt ungefähr neun Pfund, ein Weibchen etwa sieben. Mitunter gibt es Ausnahmefälle, etwa ein Tier, das die Waage bis zirka 38 Pfund hochschnellen läßt, oder ein Zwergexemplar mit weniger als drei Pfund, aber das ist beides anomal. Der »Riese« leidet unter einer hormonalen Störung, der Winzling ist ein Fall von genetisch bedingtem Zwergwuchs.

Unter den Rassekatzen ist die Maine Coon aus Nordamerika eine der größten. Einige Exemplare der Gattung erreichen das außergewöhnliche Gewicht von 27 Pfund. Die Norwegische Waldkatze ist eine andere großwüchsige Rasse, sie stammt aus dem wohl kältesten Gebiet, in dem domestizierte Katzen überhaupt leben.

Die kleinste Zuchtkatzenrasse ist erst kürzlich im Westen bekannt geworden. Sie stammt aus Singapur, wo sie als »Abflußrohrkatze« bekannt ist. Katzen sind dort nicht besonders beliebt, wie es den Anschein hat, und diese Katzenart ist offenbar immer kleiner geworden, und zwar in Anpassung nicht nur an das heiße Klima, sondern auch an die Notwendigkeit, möglichst unzugängliche Verstecke aufzusuchen. Sie wurde erst im Jahr 1970 offiziell »entdeckt«, als einige Exemplare in die USA gebracht wurden.

Dort wird diese Katze jetzt zunehmend beliebter, wahrscheinlich weil ihre geringe Körpergröße den jungen Amerikanern gelegen kommt, die in immer größerer Zahl Apartment-Wohnungen beziehen. Männliche Singapur-Katzen wiegen im Durchschnitt etwa fünfeinhalb, die Weibchen etwa dreieinhalb Pfund.

KÖNNEN KATZEN ERDBEBEN VORAUSAHNEN?

Die Frage ist kurz mit »Ja« zu beantworten, aber wir wissen noch immer nicht mit Sicherheit, wieso sie das können. Vielleicht reagieren sie bereits sensibel auf so geringfügige Vibrationen der Erde, daß unsere Instrumente sie noch gar nicht erfassen können. Es ist jedoch bekannt, daß es bei Erdbeben eher eine stufenweise Entwicklung gibt als ein plötzlich auftretendes, massives Beben. Es wäre möglich, daß Katzen ein Vorwarnungssystem besitzen.

Eine zweite Möglichkeit besteht darin, daß sie auf die dramatische Erhöhung der statischen Elektrizität reagieren, die Erdbeben offenbar vorausgeht. Eine solche Reaktion gibt es auch bei Menschen, aber sie ist eher vage und unspezifisch. Wir sprechen bei solchen Gelegenheiten von nervöser Spannung und pochenden Schmerzen im Kopf, aber wir können diese Gefühle nicht von ähnlichen Symptomen nach einem streßreichen Arbeitstag oder zu Beginn einer Erkältung unterscheiden. Deshalb ist es uns nicht möglich, diese Anzeichen exakt zu deuten. Katzen aber können das aller Wahrscheinlichkeit nach.

Bei einer dritten Vermutung geht man davon aus, daß Katzen unglaublich sensibel auf plötzliche Änderungen im Magnetfeld der Erde reagieren. Veränderungen dieser Art sind – wie wir wissen – Begleiterscheinungen von Erdbeben. Vielleicht finden alle drei Reaktionen gleichzeitig statt – die Feststellung geringfügiger Erdvibrationen, elektrostatischer Aktivität und Magnetfeldveränderungen.

WANN WURDEN DIE ERSTEN KATZENAUSSTELLUNGEN VERANSTALTET?

Die erste nachgewiesene Katzenausstellung fand im Jahr 1598 anläßlich der St. Giles Fair in Winchester statt. Ähnliche kleine Ausstellungen wurden auch bei anderen Volksfesten veranstaltet, sie waren jedoch ohne Bedeutung und hatten keinen offiziellen Status. Die Zucht reinrassiger Katzen war zu jener Zeit noch völlig bedeutungslos.

Erst in der zweiten Hälfte des vorigen Jahrhunderts wurden ernstzunehmende Katzenschauen mit Wettbewerbscharakter veranstaltet. Ein frühes Beispiel dafür ist eine Ausstellung in einem Privathaus in London im Jahr 1861, doch auch dies war noch keine echte öffentliche Katzenschau. In ähnlicher Weise verlief die Entwicklung in den Vereinigten Staaten, wo Ende der sechziger Jahre des letzten Jahrhunderts in New York eine kleine Ausstellung stattfand, bei der die Maine-Coon-Katze im Mittelpunkt stand.

Im Jahr 1871 wurde dann die erste größere offizielle Katzenausstellung abgehalten: Sie fand im Londoner Kristallpalast statt und wurde von einem Schriftsteller und Künstler namens Harrison Weir organisiert. Zur Eröffnung am Donnerstag, dem 13. Juli, kamen zahlreiche Besucher, und die Katzen selbst waren im dichten Gedränge kaum zu sehen. Eine derart große Resonanz auf seine Ausstellung hatte Weir nicht erwartet. Unterwegs zum Kristallpalast hatten ihn noch ernste Zweifel an der Richtigkeit seines Vorhabens geplagt; er befürchtete, die Tiere würden »mißgelaunt sein oder kläglich miauen, um herausgelassen zu werden«. Doch dann sah er, daß sie friedlich auf ihren roten Kissen lagen. Sie verhielten sich ruhig, nur Schnurren und Geräusche vom Schlürfen frischer Milch waren zu hören.

Zu jener Ausstellung wurden insgesamt 170 Katzen zugelassen, als Preisgeld waren weniger als 10 Pfund für den gesamten Wettbewerb ausgesetzt. Zu den Gewinnern zählte Weirs eigene vierzehn Jahre alte Tabbykatze namens The Old Lady – was kaum überraschen dürfte, wenn man weiß, daß zu den drei Preisrichtern Weirs Bruder und Weir selbst zählten. Ein solches Jurysystem ließ sicher einiges zu wünschen übrig, doch muß man bedenken, daß dank Harrison Weir hier zum erstenmal Katzen in verschiedene Standards und Kategorien eingeteilt wurden. Diese bildeten die Grundlage des bis zum heutigen Tag bei Katzenausstellungen überall in der Welt verwendeten Beurteilungssystems.

Bald kam es zu weiteren Ausstellungen, und im Jahr 1887 wurde der National Cat Club gegründet. Der Präsident war, wie sollte es anders sein, Harrison Weir. 1893 wurde das erste offizielle Zuchtstammbuch angelegt, und die systematische Zucht reinrassiger Katzen begann. Im Jahr 1895 fand im Madison Square Garden in New York die erste große amerikanische Katzenschau statt, die allerdings von einem Engländer organisiert wurde. Heute gibt es alljährlich in Großbritannien nicht weniger als 65 Katzenausstellungen, 400 finden in den USA statt. Leider ist der Konkurrenzkampf unter den Organisatoren von Katzenausstellungen im Laufe der Jahre immer größer geworden, bereits in der Anfangszeit kam es zu Abspaltungen. Dies führte dazu, daß es weder in Großbritannien noch in den Vereinigten Staaten eine oberste Instanz gibt; jeder Club und jeder Verband hat seine eigenen Regeln und Kategorien, die sich, wenn auch nur geringfügig, von denen anderer Vereinigungen unterscheiden. Das mag für den Außenstehenden verwirrend sein, für die Katzen selbst spielt dies alles kaum eine Rolle. Entscheidend ist, daß es in Zukunft weiterhin Katzenausstellungen gibt, wodurch der Status der Zucht reinrassiger Katzen erhalten bleibt und auch der Stellenwert gewahrt bleibt, den die Katze im zwanzigsten Jahrhundert besitzt.

Mehr als 94 Prozent der heute lebenden Katzen sind nicht reinrassig; der Anteil der für Ausstellungen bestimmten Katzen an der Gesamtpopulation ist demnach gering – doch egal: Solange die Elite der Zuchtkatzen fotografiert und ausgestellt wird, wird auch die gewöhnliche Hauskatze von dieser Aura der Bedeutsamkeit profitieren. Die Zuchtkatzen sind gewissermaßen die Botschafter in der Welt der Katzen, und wenn mehr als 2000 von ihnen jedes Jahr im Dezember an der größten Katzenausstellung der Welt – der National Cat Show in London – teilnehmen, ist das Interesse, das sie hervorrufen, eine beachtliche Werbekampagne, die den Wert und die Bedeutung unterstreichen, die die Katze als Gefährte des Menschen besitzt.

SIND EINIGE ZUCHTRASSEN ALS ANOMAL ZU BEZEICHNEN?

Es gibt viele Versuche, exakt zu definieren, welche angezüchteten Merkmale der Hauskatze möglicherweise als abnorm zu bezeichnen wären. Eine neue Farbvariante bringt zwar noch keine derartigen Probleme mit sich, aber wenn eine Mutation stattfindet, die die Anatomie der Katze in gewisser Weise verändert, so wird häufig leidenschaftlich diskutiert, ob die neue Zucht weitergeführt werden oder ob man sie lieber aussterben lassen sollte. Wenn die entsprechende Mutation für die Katze einen schwerwiegenden Nachteil mit sich bringt, so liegt die Antwort auf der Hand, aber wenn es sich nur um einen kleinen Nachteil handelt, dann scheiden sich die Katzenzüchter in zwei feindliche Lager.

Zur Zeit gibt es vier ungewöhnliche Zuchtkatzenrassen, die unter diese Kategorie fallen – anerkannt von den einen, abgelehnt von den anderen –, und zwar die Schottische Faltohrkatze, die Kanadische Sphynxkatze, die Kalifornische Ragdoll-Katze und die Amerikanische Pekinesengesicht-Katze. Die Pekinesengesicht-Katze ist bereits seit 1930 bekannt, die drei anderen wurden erst in den sechziger Jahren entdeckt und sofort von enthusiastischen Katzenzüchtern eingeführt, die entzückt waren über die neuen Zuchtlinien. Da es insgesamt weniger als fünfzig verschiedene Zuchtkatzenrassen gibt (wobei die reinen Farbvarianten unberücksichtigt bleiben), war die Entdeckung von ganz neuen Rassen außerordentlich aufregend, und das starke Interesse, das sie fanden, ist gut zu verstehen. Waren aber die Züchter in ihrer anfänglichen Euphorie mit Blindheit geschlagen gegenüber der Tatsache, daß sie im Grunde genommen nichts weiter taten, als Mißgeburten am Leben zu erhalten? Der einzige Weg, das zu entscheiden, ist die Einschätzung der Situation hinsichtlich der Lebensqualität der Katzen.

Zunächst also die Schottische Faltohrkatze: Es gibt viele Zuchten von Hunden mit Hängeohren, aber dies ist die einzige Zuchtkatze, der die typisch aufgerichteten Ohren des Katzenkopfes fehlen. Ihren Namen verdankt sie der Tatsache, daß ihre Ohren nach vorn gefaltet sind, so daß ihre »Lauscher« von vorn gesehen im Gesamtumriß eher horizontal als vertikal ausgerichtet wirken. Die Faltohrkatze wurde im Jahre 1961 zuerst von einem schottischen Schafhirten entdeckt, und zwar auf einem Bauernhof. Ihm wurde plötzlich klar, daß es sich um eine höchst ungewöhnliche Katze handelte, und er startete ein Zuchtprogramm. Die rundköpfige Silhouette der Schottischen Faltohrkatze bescherte ihr viele Bewunderer, obgleich einige das Gefühl hatten, sie sehe zu traurig aus. Später stellte man fest, daß sich bei einigen Schottischen Faltohrkatzen Verdickungen an den Gliedern und am Schwanz entwickeln und daß dies ein schweres Handicap für sie darstellt. Mit solchen Tieren wurde nicht weitergezüchtet, seit man ihr Problem erkannt hatte. Doch ansonsten ist die Zucht heute fest begründet, ohne erkennbare Schwächen. Diese Katze wurde in den Vereinigten Staaten außerordentlich beliebt, aber einige offizielle Züchtervereine lassen sie noch immer nicht zu, weil sie befürchten, die Katzen könnten unter Ohrmilben leiden oder taub sein. Die Züchter der Schottischen Faltohrkatze erwidern, daß es keine Anzeichen dafür gebe.

Vom Standpunkt der Katze aus betrachtet, hat das gefaltete Ohr den kleinen Nachteil, daß es die üblichen Stimmungssignale nicht vermitteln kann, die man erkennt, wenn eine zornige oder erschrockene Katze kampfbereit ihre Ohren flach anlegt. Es ist der Wechsel von voll aufgerichteten zu völlig flach angelegten Ohren, der dieses überaus wichtige Signal übermittelt. Die Schottische Faltohrkatze erweckt dagegen den Anschein, als habe sie ihre Ohren ständig angelegt. Das könnte sie wie eine Katze wirken lassen, die bereit ist zu kämpfen, aber seltsamerweise ist das nicht der Fall. Der Grund dafür besteht darin, daß die gefalteten Ohren nach vorn weisen, also eine Position einnehmen, die nicht dem üblichen Anlegen der Ohren entspricht. Eine normale Katze, die die Ohren anlegt, würde sie in diesem Stadium bereits nach hinten drehen. Deshalb hat die Schottische Faltohrkatze nur »abgeflachte« und keine »angelegten« Ohren. Offenbar weiß jedoch niemand genau, ob Katzen selber auch diese Unterscheidung treffen. Wenn ja, gibt es keinen Grund dafür, daß diese Zucht nicht ihren Platz einnehmen sollte.

Zweitens: die Kanadische Sphynxkatze. Das ist eine nackte Katze, die erstmals im Jahr 1966 in Ontario entdeckt wurde. Abgesehen davon, daß ihr das Fell fehlt, ist sie eine völlig normale Katze mit einer guten Veranlagung. Aber ihre Nacktheit läßt sie auf viele Katzenfreunde außerordentlich häßlich wirken, und das scheint auch durch ihre Seltenheit nicht kompensiert zu werden. Der einzige ernsthafte Einwand, den man »gegen« sie vorbringen kann, ist jedoch der Umstand, daß sie sehr unter Kälte zu leiden hat und, zumindest in ihrem Ursprungsland, den ganzen Winter im Haus verbringen oder einen eigens gefertigten Mantel tragen muß. Wenn sie liebevolle Besitzer hat, die sich eine Zentralheizung leisten können, bringt diese Züchtung keine Probleme mit sich, aber sie ist ziemlich verfemt geblieben innerhalb der verschiedenen Katzenverbände.

Drittens: die Ragdoll-Katze. Das ist eine Katze mit einem schlaffen Körper, der aufgrund bestimmter genetisch bedingter Veranlagungen die üblichen Verteidigungs-Reaktionen der normalen Katze fehlen. Wenn man das Tier hochnimmt, hängt es einem schlaff im Arm wie eine leblose Stoffpuppe (ragdoll) und versucht niemals, sich zu wehren. Die Gefahr für diese Katze besteht darin, daß sie leicht Verletzungen erleiden kann, ohne darauf aufmerksam zu machen, und daß sie unter mutwilligen Kindern zu leiden haben könnte, die sie zu sehr ihrem Namen entsprechend behandeln: wie eine Stoffpuppe. Was normale Kat-

zen davor bewahrt, allzusehr mißhandelt zu werden, ist die Tatsache, daß sie sich früher oder später wehren und kratzen. Da der Ragdoll-Katze dieses Verhaltensmuster ganz fehlt, kann sie buchstäblich von gedankenlosen Kindern zu Tode geliebt werden. Das Ergebnis ist, daß auch sie in vielen Zuchtkatzenvereinen verfemt ist und viele Katzenfreunde es begrüßen würden, wenn sie wieder von der Bildfläche verschwände. Das Bedauerliche dabei ist, daß es sich um eine Katze handelt, sie so schön ist wie die Sphynx häßlich. Ihre Verteidiger sagen, daß sie ihren Preis stets hoch ansetzen und sorgsam die möglichen Besitzer auswählen werden, um sie auf diese Weise vor Schaden zu bewahren. Aber wie lange können sie die Situation im Griff behalten?

Die Amerikanische Pekinesengesicht-Katze schließlich ist eine langhaarige Zuchtkatze, der man ein immer flacheres Gesicht angezüchtet hat – daher ihr Name. Ähnlich ihren »hündischen Namensvettern« leidet sie wegen dieser Abnormität des Gesichtes an Schwierigkeiten mit den Augen, den Zähnen und der Atmung. Wegen der Enge ihrer Augenhöhlen können ihre Tränenkanäle bisweilen blockiert sein, was zu Triefaugen führt. Wegen ihrer reduzierten Kiefer passen die Zähne oft nicht richtig aufeinander, wenn der Mund geschlossen ist. Und wegen der verkümmerten Nasenhöhlen kann das Atmen für sie immer beschwerlicher werden, wenn sie älter werden. Trotzdem hat das Tier, unter anthropomorphen Gesichtspunkten betrachtet, eine ungeheuer attraktive Kopfform. Das abgeflachte Gesicht und das lange, weiche Fell verleihen ihr die Rundlichkeit eines »Superbabys«, was viele Menschen anspricht. Deshalb ist diese Katze bei Katzenausstellungen in den Vereinigten Staaten seit mehreren Jahrzehnten populär geworden. In England ist sie zu Wettbewerben bisher noch nicht zugelassen.

Diese vier »anomalen« Katzenrassen sind alle vergleichsweise neu. Die seit langem etablierte Manxkatze mit ihrem seltsam verkürzten Rückgrat ist gewiß ebenso anomal wie die anderen genannten Rassen, aber auf Katzenausstellungen seit so langer Zeit allgemein akzeptiert, daß heute niemand mehr dieser Entscheidung widerspricht.

Bei den vier neuen Zuchtrassen sind drei nicht sonderlich gefährdet, vorausgesetzt sie werden gut beschützt. Wenn die Schottische Faltohrkatze saubere Ohren hat, die Kanadische Sphynxkatze warmgehalten und die Kalifornische Ragdoll-Katze von jugendlichen Peinigern ferngehalten wird, so können sie alle ein zufriedenes und erfülltes Leben führen. Anders steht die Frage bei der Pekinesengesicht-Katze. Unabhängig davon, wieviel Liebe und Aufmerksamkeit diese Katze erhält, ist ihre Atmung stets ein Schwachpunkt. Deshalb sollten die Züchter dieser Katze zum Besten der Tiere von den Extremen der Übertreibung Abstand nehmen. Sie werden ungeachtet dessen weiterhin Katzen züchten können, deren abgeflachtes Gesicht jene ansprechenden Babysignale vermittelt, die bei vielen Menschen so beliebt sind. Mäßigung ist allerdings fast immer da eine vergebliche Hoffnung geblieben, wo menschlicher Ehrgeiz im Spiel ist, und der Streit darüber, ob es statthaft ist, eine bis zum äußersten gesteigerte Form des Pekinesengesichtes zu züchten, hat diese Rasse bereits in Schwierigkeiten gebracht. Hervorragende Katzenkenner jedoch sind sich dieser Gefahr schon bewußt, und sie fordern weit strengere Zuchtbeschränkungen.

Anmerkung der Übersetzerin: Auch die Pekinesengesicht-Katze rangiert bei uns zu Recht unter dem Begriff Qualzüchtungen, wird deshalb zu Ausstellungen nicht zugelassen, infolgedessen auch nicht gezüchtet.

WELCHE SPIELE MÖGEN KATZEN?

EINES DER GRÖSSTEN VERGNÜGEN, das eine Katze ihrem Besitzer bereitet, besteht für ihn darin, ihr beim Spielen zuzuschauen oder selbst mit ihr zu spielen. Seit Hunderten von Jahren hat dieses unschuldige Vergnügen selbst die gelehrtesten Männer fasziniert. Bereits im 2. Jahrhundert n. Chr. berichtete der römische Historiker Lucius Coelius, daß er sich nicht schäme, wann immer er frei von seinen Studien und anderen wichtigen Angelegenheiten sei, mit seiner Katze zu spielen und mit ihr herumzutollen.

Der große Naturkundler Edward Topsel äußerte sich im 17. Jahrhundert höchst lyrisch über das Spiel der Katze: »Wie sie bittet, springt, spielt, schaut, fängt, die Füße hochwirft, zu einer Schnur emporschnellt, die über ihren Kopf gehalten wird, manchmal kriechend, manchmal auf dem Rücken liegend, mit einem Fuß spielend, manchmal auf dem Bauch, jetzt mit dem Mund haschend und jetzt mit dem Fuß ... « Besorgt, daß ihn diese Worte allzu unernst erscheinen lassen, ruft er sich selbst zur Ordnung mit der kritischen Bemerkung: »Wahrlich, das mag wahrhaftig der Zeitvertreib eines Müßiggängers genannt werden.« Dann erwärmt er sich für diesen negativen Gedanken und geht dazu über, die Katzenfreunde scharf anzugreifen, »weil jene, die einem Tier besondere Zuneigung entgegenbringen, so viel weniger Wohlwollen für die Menschen aufbringen«.

Michel de Montaigne, ein französischer Schriftsteller aus der gleichen Zeit, konnte auf diese Heuchelei verzichten und stellte ehrlich fest: »Wenn ich mit meiner Katze spiele, wer weiß, ob sie sich mit mir vergnügt oder ich mich mit ihr? Wir unterhalten uns gegenseitig mit wechselseitigen Tollheiten ..., und genau wie ich selbst kennt auch sie einen Zeitpunkt, da es genug ist.« Diese Bemerkungen bezeugen den unwiderstehlichen Reiz einer verspielten Katze selbst in einer Zeit, da man Katzen allgemein als teuflisch und gefährlich betrachtete und sie weithin verfolgte. Topsel warnt davor, daß beim Spielen mit Katzen die Lungen des Menschen leiden und die Luft verdorben wird: »Es gab einmal eine Gruppe von Mönchen, denen das Füttern von Katzen und das Spiel mit ihnen solches Vergnügen bereitete, daß sie stark infiziert wurden und nach kurzer Zeit nicht mehr in der Lage waren, zu sprechen, zu lesen, zu beten oder zu singen ...« Aber trotz dieser lächerlichen Ängste und abergläubischen Vorstellungen übt die spielende Katze auch heute noch ungemindert Reiz aus und entzückt alle Beobachter, sogar die meisten Hypochonder.

Einige Beobachter jedoch betrachten das Spielverhalten der Katze mit Skepsis. Denn es läßt sich leicht zeigen, daß die meisten Spielaktivitäten der Katze auf irgendeiner Form von Gewalttätigkeit beruhen. Sogar die kleinsten Kätzchen, so konstatieren diese Kritiker, greifen bereits Mitglieder ihrer eigenen Gattung oder Beutetiere an. Im 18. Jahrhundert bemerkte der französische Naturkundler Buffon in diesem Zusammenhang: »Junge Katzen sind fröhlich, lebhaft, ausgelassen und würden, wenn nichts von ihren Krallen zu befürchten wäre, Kindern ein außerordentliches Vergnügen bereiten. Aber ihr Spiel ist, obwohl immer heiter und liebenswürdig, alles in allem niemals unschuldig und schlägt leicht in gewohnheitsmäßige Arglist um.«

Auch diese Ansicht ist Unsinn. Buffon versucht nicht nur, das Vergnügen, spielende Kätzchen zu beobachten, auf das Niveau eines kindlichen Zeitvertreibs herabzudrücken, er gibt außerdem zu verstehen, daß dieses Spiel voller Arglist sei, weil es Elemente des Beutetötens enthält – gerade der Fähigkeit also, die dazu führte, daß Katzen in einer fernen Vergangenheit vom Menschen domestiziert wurden. Moralische Bedenken dieser Art, mit denen sich früher gerade solche Leute herumschlugen, denen die Gesellschaft von Tieren im Grunde genommen sehr angenehm war, die jedoch glaubten, sie müßten unsere vierbeinigen Freunde nach einer menschlichen Wertskala beurteilen – diese moralischen Bedenken sind heute kaum mehr von Bedeutung. Die stufenweise Anerkennung von Darwins Evolutionslehre, die es uns gestattet, einer jeden Gattung ihr eigenes Recht zuzugestehen und ihr Verhalten entsprechend zu bewerten, hat bewirkt, daß wir heute frei sind von der Last, alles, was Tiere tun, im Sinne von gut und böse, göttlich oder teuflisch zu interpretieren. Wenn eine Katze eine Maus tötet, mag die Maus uns zwar leid tun, aber wir beschuldigen deshalb heutzutage die Katze nicht mehr der Bosheit. Und wenn die Maus uns ein Ärgernis war und wir froh sind, daß es mit ihr vorbei ist, so preisen wir die Katze nicht wegen der Verläßlichkeit, mit der sie ihre Pflicht im Haushalt erfüllt hat. Unsere gesamte Einstellung hat sich geändert. Wir sehen heute das Verhalten einer Katze als Teil ihrer natürlichen Spezialisierung, die durch ihre Existenz als beutefangendes Raubtier bedingt ist, und wir erkennen, daß sie weder »boshaft« und »unmoralisch« noch »loyal« und »verantwortungsbewußt« ist, wenn sie unser Haus von Mäusen freihält. Sie ist einfach eine normale Katze.

Dieser neue Standpunkt gestattet es uns, uns zurückzulehnen und uns an den entzückenden Eskapaden junger spielender Kätzchen ohne jede moralische Wertung zu erfreuen. Wir können die Regeln beobachten, denen ihr Spiel folgt, und uns an den endlosen Variationen ergötzen, die sie ihren zentralen Themen geben. Vier dieser Hauptthemen hat man bis heute eindeutig identifizieren können.

Das erste dieser Themen ist der spielerische Kampf. Im Alter von etwa drei Wochen fangen die Kätzchen an, mit ihren kleinen Geschwistern herumzubalgen. Sie tollen übereinander her, wälzen sich auf den Rücken und raufen miteinander. Dabei wird jedoch keines verletzt. Das liegt daran, daß ihnen anfänglich noch die Kraft fehlt, sich gegenseitig

Verwundungen zuzufügen, und daß sie, sobald sie über diese Kraft verfügen, rasch lernen, daß ein zu heftiger spielerischer Angriff das lustige Gefecht rasch beendet. Deshalb perfektionieren sie die Kunst des gebremsten Überfalls. Im Alter von vier Wochen werden die Kampfspiele komplizierter; nun üben die Kätzchen jagen, anspringen, das Umklammern mit den Vorderpfoten und das heftige Ausschlagen mit den Hinterpfoten. Und jetzt kommen auch die anderen Spielthemen hinzu, jeweils in Verbindung mit einer anderen Art des Beutejagens: dem »Maus-Anschleichen«, dem »Vogel-Abschlagen« und dem »Fischen«.

Das Maus-Anschleichen beinhaltet das Sichverstecken, Sichducken, Vorwärtskriechen und das Anspringen und Packen eines imaginären Nagetiers, dessen Stelle für gewöhnlich der Schwanz der Mutter oder ein kleiner Gegenstand, der auf dem Boden liegt, einnimmt. Das Vogelabschlagen umfaßt die gleiche Art der Annäherung, endet aber mit dem Hochsprung und einem scharfen Schlag mit der Vorderpfote. Der Auslöser für diese Aktion ist meist ein sich bewegendes Objekt, das von oben herabhängt, oder auch ein Spielzeug, das ein Mensch für die Kätzchen in die Luft wirft. Das Fischen üben die Katzenjungen mit einem Gegenstand, der ganz ruhig auf dem Boden liegt. Das Kätzchen streckt urplötzlich eine Pfote aus und wirft den Gegenstand zielsicher rückwärts über die »Schulter«. Dann dreht es sich um und stößt triumphierend auf den Gegenstand herab, als ob ein Fisch, den es aus einem Fluß oder Strom »geschöpft« hat, am Ufer gelandet wäre und in Sicherheit gebracht werden muß, bevor er sich, wild mit dem ganzen Körper schlagend, in die Sicherheit der Fluten zurückkatapultiert hat.

Während all dieser Spiele ist die Vorstellungskraft der Kätzchen in voller Aktion. Jedes beliebige kleine Ding, das sich bewegt, wird mit Leichtigkeit als Opfer akzeptiert. Aber auch teures Spielzeug ist erhältlich, aufziehbare Mäuse etwa, klingende Dosen und Bälle, die mit Katzenminze gefüllt sind, und sowohl junge Kätzchen als auch ältere Tiere reagieren oft mit großer Begeisterung auf solche Sachen. Dieses Interesse ist jedoch meist nur von kurzer Dauer, denn dieses Spielzeug hat in der Regel zwei Nachteile. Es ist zu hart und zu schwer. Das ideale Spielzeug für Katzen ist sehr leicht, so daß es sich mit nur geringer Anstrengung über weitere Strecken befördern läßt, und sehr weich, so daß die Krallen und Zähne der Katze sich in angenehmer Weise darin versenken können. Ironischerweise bedeutet das, daß die von Katzen am meisten begehrten Spielsachen zugleich die einfachsten und billigsten sind. Ein Stück silbernes Einwickelpapier, das zu einem Bällchen zusammengerollt wird, oder der traditionelle Wollball bereiten einer Katze am meisten Freude. Fast alle Katzenfreunde machen am Anfang amüsiert die Erfahrung, daß diese einfachen Gegenstände verspielte Kätzchen oder Katzen viel länger zu beschäftigen vermögen als alle ausgefallenen Spielsachen.

Alle Katzen praktizieren auf die eine oder andere Art die vier vorstehend beschriebenen Formen des Spiels, darüber hinaus aber kann jede Katze eigene, spezielle Spiele entwickeln. Das wird fast zu einem Ritual, wenn die Katze älter wird – sie beschäftigt sich dann mit allerlei Routineaktivitäten, die das Tier belohnen, weil es sie in eine soziale Wechselbeziehung mit seinen Besitzern oder deren Gästen verwickelt. Thomas Huxley, der große Biologe, dessen Haushalt über einen Zeitraum von vierzig Jahren von ganzen Generationen von Katzen bevölkert war, beschrieb einmal, wie eine dieser Katzen, ein junger Tabbykater, das für ihn sehr aufregende Spiel erfand, Huxleys Dinnergästen auf die Schulter zu springen, und erst bereit war, wieder herunterzukommen, wenn er einen Leckerbissen erhalten hatte. Es war nicht etwa so, daß das Tier Hunger gehabt hätte. Es war die seelische Anspannung durch das Spiel, die das Tier als Belohnung empfand.

Ein anderer Katzenfreund wurde Zeuge, wie seine Katze ein ganz neues Spiel erfand. Wenn er in der Küche Stöße von Zeitungspapier auslegte, um den Boden an nassen Tagen sauberzuhalten, so zog diese Katze sich bis an eine weit entfernte Wand zurück und stürzte sich dann, so schnell sie konnte, auf eine der Papierbahnen. In dem Augenblick, da sie auf einer davon landete, machte sie ein Vollbremsung und rutschte auf dem Papier quer durch die Küche, bis sie, noch immer auf ihrem »magischen Teppich« stehend, die Wand gegenüber erreichte. Danach pflegte sie zu der hinteren Wand zurückzukehren und darauf zu warten, daß das Zeitungspapier wieder an seinen Platz gelegt wurde, um daraufhin das Spiel von neuem zu beginnen.

Ein anderer Katzenfreund beobachtete, daß immer, wenn er einige Münzen auf einer Fläche im Wohnzimmer ablegte, seine Katze kam und sie eine nach der anderen herunterwarf. Vielleicht hatte er dieses Spiel sogar selbst angeregt. Denn immer, wenn die Katze eine Münze herunterwarf, schnippte der Besitzer mit den Fingern. Dieselbe Katze sprang auch gern von einem Stuhl auf den nächsten, wenn ihr Besitzer der Reihe nach auf die verschiedenen Stühle wies.

Je mehr Katzenhalter man kennenlernt, desto mehr verschiedene Katzenpersönlichkeiten entdeckt man. Es ist wahr, daß alle Katzen viele Züge ihres Verhaltens miteinander gemeinsam haben, und zwar bis ins kleinste Detail. Aber von ihrem Spieltrieb überwältigt, scheint jede Katze für sich eine ganz eigene, persönliche Art zu haben, ihre Eigenheiten spielerisch auszuleben. Wenn sie Glück hat, wird sie an eine »Bezugsperson« geraten, die eine ähnliche spielerische Neigung hat wie sie selbst.

WELCHES SIND DIE TEUERSTEN KATZEN?

Wenn eine Hauskatze einen Wurf Kätzchen zur Welt gebracht hat, haben die Katzenbesitzer häufig Schwierigkeiten, Abnehmer für die jungen Kätzchen zu finden. Die meisten legen sich eine Katze zu, ohne dafür bezahlen zu müssen. Doch manche Katzenliebhaber möchten eine besondere Katze und sind bereit, dafür viel Geld auszugeben.

Kätzchen mit einem guten Stammbaum, die eine Chance haben, bei Katzenausstellungen prämiert zu werden, erzielen hohe Preise. Heute kostet ein solches Kätzchen mehr als 250 Mark. Ein bereits prämiertes Kätzchen ist weitaus teurer. Die teuersten Hauskatzen – nicht jedoch Katzen, die an Wettbewerben teilnehmen – bietet das New Yorker Luxuskaufhaus Neiman-Marcus an. Unter der Bezeichnung »Designerkatzen« werden sie in dem vom Kunden gewünschten, zu dessen Kleidern und Wohnungseinrichtung passenden Farbton verkauft. Dem Kaufhaus zufolge sind diese exklusiven Tiere die Kreation eines Gentechnikers, der aus der Kreuzung reinrassiger Katzen ein Farbspektrum erzielt hat, das für jeden Geschmack etwas bietet, sei es rot, gold-, silber-, bronze- oder kohlefarben. Über die besondere Farbtönung hinaus besitzt ein solches Kätzchen laut Anbieter die »Musterung einer Dschungelkatze«, die es von jeder gewöhnlichen Hauskatze unterscheidet. Der Preis für diese spezielle Züchtung beträgt satte 1400 Dollar.

Designerkatzen, seit 1986 auf dem Markt, riefen anfangs einen Sturm der Entrüstung hervor. Tierschutzverbände waren empört und wandten sich gegen die Vermarktung solcher Katzen als »hochpreisiges Spielzeug«; potentielle Käufer wurden davor gewarnt, daß »aus solchen Kreuzungen Katzen mit eigenartigen Veranlagungen« hervorgingen. Das Verhalten der Katze im Laufe ihrer Entwicklung, so hieß es, könne für den Käufer böse Überraschungen bereithalten. Diese Kritik ist purer Unsinn; durch derartige Äußerungen geraten letztlich die Tierschutzorganisationen selbst in ein schlechtes Licht. Hinter solchem Protest steckt nicht mehr und nicht weniger als die Empörung über Käufer, die Unsummen für eine Katze ausgeben, während auf der anderen Seite Tag für Tag gesunde, jedoch unerwünschte neugeborene Kätzchen getötet werden müssen.

Ein offener Hinweis auf diesen Sachverhalt wäre weitaus wirksamer als die Erfindung imaginärer Verhaltensstörungen bei Zuchtkatzen. In Wirklichkeit sind die Katzen, die aus Kreuzungen hervorgehen, vitaler, robuster und langlebiger als reinrassige Tiere.

WARUM SAGT MAN IN ENGLAND, WENN ES GIESST, »ES REGNET KATZEN UND HUNDE«?

Diese Redewendung »it is raining cats and dogs« kam vor einigen Jahrhunderten auf, zu einer Zeit, in der die Straßen der Städte und Dörfer oft eng und schmutzig und mit erbärmlichen Abwasserkanälen versehen waren. Ungewöhnlich schwere Stürme riefen sturzbachartige Überschwemmungen hervor, in denen viele halbverhungerte Katzen und Hunde, die dort nach Futter suchten, ertranken. Wenn der Regen aufhörte, tauchten die Menschen wieder aus ihren Häusern auf und fanden die Kadaver dieser unglücklichen Tiere, und die einfältigen unter ihnen glaubten, sie wären vom Himmel gefallen und es hätte buchstäblich Katzen und Hunde geregnet.

Was Jonathan Swift 1710 über die Auswirkungen eines schweren Unwetters in einer Stadt schrieb, belegt diese Ansicht: »Jetzt schossen von allen Seiten die Wasserfluten heran und führten manche Trophäen mit sich … ertrunkene junge Hunde, stinkende Fische, viel Schlamm, tote Katzen …«

Einige Klassiker ziehen eine ältere Erklärung vor und vermuten, die Redewendung sei von dem griechischen Wort für Wasserfall abgeleitet worden: *catadupa*. Wenn der Regen in Strömen fällt – wie ein Wasserfall –, könnte aus dem sprichwörtlichen *catadupa* allmählich »cats and dogs« entstanden sein.

WARUM HABEN SO VIELE SCHWARZE KATZEN WENIGSTENS EINIGE WEISSE HAARE?

JEDER, DER EINE GANZ NORMALE schwarze Hauskatze besitzt – im Unterschied zu einer gezüchteten schwarzen Kurzhaarkatze – wird wohl schon bemerkt haben, daß sie irgendwo am Körper einen kleinen Fleck weißer Haare aufweist, manchmal deutlich sichtbar, manchmal kaum wahrnehmbar. Gelegentlich hat eine ansonsten völlig schwarze Katze nur einen weißen Schnurrbart. Häufiger ist allerdings ein weißer Fleck auf der Brust. Weshalb ist das so?

Ganz gewiß ist es kein Zufall. Tatsächlich sind diese weißen Härchen ein Überbleibsel aus einer für die europäische Katze verhängnisvollen Periode der Geschichte. Der Ursprung der schwarzen Katze läßt sich bis zu den alten Phöniziern zurückverfolgen, die einige der heiligen Katzen aus Ägypten herausschmuggelten und mit ihnen im ganzen Mittelmeerraum zu handeln anfingen. Während ihrer Reisen haben sie offenbar eine schwarze Katze gezüchtet, die sofort ungewöhnlich beliebt wurde, vielleicht weil ihre natürliche Tarnung die Tiere zu besonders erfolgreichen nächtlichen Mäuse- und Rattenfängern machte. Die schwarze Katze breitete sich in der Folge in ganz Europa aus, bis sie im Mittelalter mit Schwarzer Magie und Hexerei in Verbindung gebracht wurde. Mehrere Jahrhunderte lang wurde sie verfolgt. Die christliche Kirche organisierte am Tag des heiligen Johannes jährlich wiederkehrende Feierlichkeiten, bei denen Katzen lebendig verbrannt wurden. Im Rahmen dieser ritualisierten Grausamkeiten wurden die sogenannten »Satanskatzen« besonders gequält. Aber auch allen übrigen schwarzen Katzen wurde eifrig nachgestellt – um sie dem Flammentod zu überantworten. Die betreffenden Katzen mußten allerdings vollkommen schwarz sein, um in den Gehirnen der frommen Kirchgänger echte Teufel darzustellen. Jeder Anflug von Weiß auf ihrem schwarzen Fell konnte als Zeichen dafür gelten, daß sie trotz allem keine dem Teufel geweihten Katzen waren.

Infolge dieser Unterscheidung wurden Katzen, die völlig schwarz waren, immer seltener, während jene, die ein wenig Weiß im Fell hatten, überlebten. Die Religion wurde hier als mächtiger Selektionsdruck wirksam.

Im 17. Jahrhundert, als die Verfolgungen der schwarzen Katzen allmählich abflauten, entstand eine neue Gefahr für sie. Man glaubte jetzt, daß sie – oder Teile ihres Körpers – unfehlbare Heilmittel gegen eine Reihe von Leiden und Beschwerden wären. Der unter der Türschwelle des Hauses vergrabene abgeschnittene Schwanz einer völlig schwarzen Katze galt als Garant für das gesundheitliche Wohlbefinden sämtlicher Mitglieder der betreffenden Familie.

Edward Topsel, der englische Naturkundler, empfahl 1658 zur Heilung von Blindheit oder Augenschmerzen: »Man nehme den Kopf einer schwarzen Katze, *die nicht ein Fleckchen einer anderen Farbe im Fellkleid hat,* und verbrenne ihn in einem irdenen Topf, der innen mit Metall verkleidet oder glasiert ist, zu Pulver. Dann nehme man dieses Pulver und blase es mit einer Feder dreimal täglich in das Auge.« Die hervorgehobene Passage ist im Original nicht kursiv gesetzt. Ich habe die betreffende Stelle deshalb graphisch hervorgehoben, um die Aufmerksamkeit des Lesers auf den Umstand zu lenken, daß es eine rein schwarze Katze war, die ihren Kopf einbüßen mußte. So löste etwa seit dem 17. Jahrhundert der Selektionsdruck medizinischer Quacksalberei den viele Jahre lang vorherrschenden religiösen Druck ab, der bis dahin auf allen schwarzen Katzen gelegen hatte.

Kein Wunder also, daß heutzutage schwarze Hauskatzen so häufig einen kleinen Fleck weißer Haare aufweisen, gleichsam als Hinweis darauf, daß sie in der Vergangenheit vor menschlichen Tollheiten weitgehend geschützt waren.

Heute ist eine rein schwarze Katze im allgemeinen das Produkt einer Spezialzucht. Seit die Ausrichtung von Katzenzüchterwettbewerben üblich geworden ist, unterliegen die Katzen hinsichtlich der Färbung und Musterung ihres Fells einem weiteren Selektionsdruck – dem Gebot absoluter Monochromie oder Einfarbigkeit. In solchen Wettbewerben bleibt jedes Kätzchen mit Tupfen oder Streifen oder weißen Haaren auf einem sonst jettschwarzen Fell unberücksichtigt. Nur Tiere ohne solchen Schmuck, der einst so lebens- und überlebensnotwendig war, werden zur Weiterzucht ausgewählt.

Es ist daher bezeichnend, daß es heutzutage in den meisten Büchern über Katzenzucht und Zuchtstandardisierung einen kleinen verräterischen Zusatz unter der Überschrift »Fellfarben« gibt, der etwa so lautet: Das Fell »sollte dicht sein und keine Spuren von weißen Haaren aufweisen«. Die Notwendigkeit, einen solchen Kommentar im Hinblick auf die Auswahl von Zuchtkatzen anzufügen, die natürlich absolut schwarz sein sollen, zeigt ganz klar, daß die kleinen weißen Flecken und Blitzlichter noch immer hartnäckig auftreten, und zwar selbst noch nach mehr als 100 Jahren spezialisierter, selektiver Zucht.

Für die Halter stammbaumloser schwarzer Hauskatzen ist es vielleicht tröstlich zu wissen, daß die paar weißen Haare, die ihren Kater vielleicht schmücken, nicht Folge eines Erbdefekts sind, sondern ein Überrest eines ehemals lebensrettenden Merkmals zahlloser europäischer Katzen.

WARUM GLAUBT MAN IN ENGLAND, DASS SCHWARZE KATZEN GLÜCK BRINGEN?

In England glaubt man seit langem, daß eine schwarze Katze, die den Weg kreuzt oder ins Haus kommt, Glück bringt. Dieser Aberglaube hat drei verschiedene Ursprünge.

Die erste Quelle führt uns zurück ins alte Ägypten, wo man glaubte, daß die Katze dem Haushalt, der für sie sorgt, viel Segen schenkt. Der tatsächliche Segen bestand natürlich darin, daß sie die Anzahl der Ratten und Mäuse dezimierte. Aber dieser pragmatische Nutzen wurde mythisch erweitert und als allgemein wirkender Segen betrachtet.

Den zweiten Ursprung haben wir im Mittelalter zu suchen, als die »Teufelskatzen« allgemein gehaßt und gefürchtet wurden. Man glaubte zu dieser Zeit fest daran, daß man, wenn eine schwarze Katze einem über den Weg läuft und einem nichts Böses zufügt, unwahrscheinliches Glück gehabt habe.

Der dritte Ursprung dieses Glaubens hat weniger mit Himmel und Hölle zu tun. Ein altes englisches Sprichwort sagt: »Wenn die Hauskatze schwarz ist, wird an Freiern kein Mangel sein.« Hier wird die Katze als Symbol der sexuellen Anziehungskraft betrachtet.

Die schwarze Farbe wurde in all diesen Fällen als besonders glückverheißend angesehen, weil diese Farbe mit okkulten Praktiken in Verbindung gebracht wurde. In dieser Hinsicht unterscheiden sich England und Amerika grundlegend, denn in Nordamerika ist es die weiße Katze, die Glück bringt, die schwarze Katze hingegen Unglück.

BILDNACHWEIS

1 Ardea London/John Daniels; **2–10** Adriano Bacchella; **13** Bruce Coleman/Jane Burton; **14** Adriano Bacchella; **17** Jacana/José Dupont; **18** Animals Animals/Sydney Thomson; **21** Oxford Scientific Films/Davie und Hayes Norris; **23** Jacana/Frederic; **24** Jacana/Mero; **28** Natural History Photographic Agency/Gerard Lacz; **29** Bruce Coleman/Kim Taylor; **30** Tony Stone Worldwide/Desmond Burdon; **32–33** Bruce Coleman/Jane Burton; **35** Marc Henrie; **36** *(oben)* Oxford Scientific Films/Richard Packwood; **36** *(unten)* Aquila/Robert Maier; **38** Adriano Bacchella; **41** Jacana/Guy Felix; **43** Sylvia Cordaiy/Paul Kaye; **44** Spectrum/G. Sykes; **47–50** Bruce Coleman/Jane Burton; **53** Jacana/Guy Felix; **54** Spectrum Colour Library; **57** Jacana/Martial Colas; **59** *(oben)* Aquila/Robert Maier; **59** *(unten)* Oxford Scientific Films/Wendy Shattil und Bob Rozinski; **61** Bruce Coleman/Jane Burton; **62–63** Ardea London/John Daniels; **64** Animals Animals/Henry Auslods; **65** Marc Henrie; **67** Tony Stone Worldwide/Sue Streeter; **69** Tony Stone Worldwide/James Strachan; **70** Ardea London/John Daniels; **71** Animals Animals/Michael und Barbara Reed; **72–74** Adriano Bacchella; **75** Mainbild Frankfurt/Bernd Spreckels; **76** Adriano Bacchella; **79** Jacana/Christian Errath; **80** Animals Animals/Sydney Thomson; **83** Spectrum Colour Library/Anne Cumbers; **85–86** Bruce Coleman/Jane Burton; **89** Ardea London; **90** Marc Henrie; **92–96** Bruce Coleman/Jane Burton; **97** Adriano Bacchella; **99–100** Bruce Coleman/Jane Burton; **103** Natural History Photographic Agency/G. I. Bernard; **105** Ardea London/John Daniels; **106** Adriano Bacchella; **108** Animals Animals/Marcia Griffen; **109** Jacana/Guy Felix; **111** Ardea London/John Daniels; **112** Animals Animals/Williams Reed; **115** Adriano Bacchella; **116** Bruce Coleman/Jane Burton; **117** Jacana/Frederic; **118** Jacana/Denis Cauchoix; **121** Adriano Bacchella; **122** Marc Henrie; **125–126** Adriano Bacchella; **128** Spectrum Colour Library/Anne Cumbers; **130** Marc Henrie; **133** Adriano Bacchella; **135** Natural History Photographic Agency/Gerard Lacz; **136** Tony Stone Worldwide/Sue Streeter; **139** Ardea London/John Daniels; **140** Adriano Bacchella; **143** Natural History Photographic Agency/Eric Soder.